Pensar cansa?
SIM, PRINCIPALMENTE COM A PRÓPRIA CABEÇA
O PODER DA ENGANAÇÃO

Editora Appris Ltda.
1.ª Edição - Copyright© 2023 do autor
Direitos de Edição Reservados à Editora Appris Ltda.

Nenhuma parte desta obra poderá ser utilizada indevidamente, sem estar de acordo com a Lei nº 9.610/98. Se incorreções forem encontradas, serão de exclusiva responsabilidade de seus organizadores. Foi realizado o Depósito Legal na Fundação Biblioteca Nacional, de acordo com as Leis nos 10.994, de 14/12/2004, e 12.192, de 14/01/2010.

Catalogação na Fonte
Elaborado por: Josefina A. S. Guedes
Bibliotecária CRB 9/870

F737p
2023
	Forte, Gilmar
	    Pensar cansa? Sim, principalmente com a própria cabeça : o poder da enganação / Gilmar Forte. – 1. ed. – Curitiba : Appris, 2023.
	    157 p. ; 23 cm.
	
	    Título da coleção geral.
	    ISBN 978-65-250-5240-3
	
	    1. Influência (Psicologia). 2. Persuasão (Psicologia). 3. Gurus. 4. Mente e realidade. I. Título.
	
	                                                      CDD – 158.2

Appris editora

Editora e Livraria Appris Ltda.
Av. Manoel Ribas, 2265 – Mercês
Curitiba/PR – CEP: 80810-002
Tel. (41) 3156 - 4731
www.editoraappris.com.br

Printed in Brazil
Impresso no Brasil

Gilmar Forte

Pensar cansa?
SIM, PRINCIPALMENTE COM A PRÓPRIA CABEÇA
O PODER DA ENGANAÇÃO

FICHA TÉCNICA

EDITORIAL	Augusto Coelho
	Sara C. de Andrade Coelho
COMITÊ EDITORIAL	Marli Caetano
	Andréa Barbosa Gouveia (UFPR)
	Jacques de Lima Ferreira (UP)
	Marilda Aparecida Behrens (PUCPR)
	Ana El Achkar (UNIVERSO/RJ)
	Conrado Moreira Mendes (PUC-MG)
	Eliete Correia dos Santos (UEPB)
	Fabiano Santos (UERJ/IESP)
	Francinete Fernandes de Sousa (UEPB)
	Francisco Carlos Duarte (PUCPR)
	Francisco de Assis (Fiam-Faam, SP, Brasil)
	Juliana Reichert Assunção Tonelli (UEL)
	Maria Aparecida Barbosa (USP)
	Maria Helena Zamora (PUC-Rio)
	Maria Margarida de Andrade (Umack)
	Roque Ismael da Costa Güllich (UFFS)
	Toni Reis (UFPR)
	Valdomiro de Oliveira (UFPR)
	Valério Brusamolin (IFPR)
SUPERVISOR DA PRODUÇÃO	Renata Cristina Lopes Miccelli
ASSESSORIA EDITORIAL	William Rodrigues
REVISÃO	Andrea Bassoto Gatto
DIAGRAMAÇÃO	Renata Cristina Lopes Miccelli
CAPA	Eneo Lage

A todos os pesquisadores,

cientistas e curiosos

que desconfiam de tudo.

AGRADECIMENTOS

Agradeço ao meu filho, Gustavo, pela sugestão de capa e por, em algumas ocasiões, alertar-me sobre o caminho a seguir; à minha neta, Isabella, que me auxiliou em alguns capítulos; e à minha esposa, Silene, que me acompanha há cinco décadas.

Aos gigantes Paulo e Laurinda Forte e ao resto da imensa família, sempre unida e presente.

Por vezes as pessoas não querem ouvir a verdade porque não desejam que suas ilusões sejam destruídas.

(Friedrich Nietzche)

APRESENTAÇÃO

Pensar cansa é uma obra sarcástica que desafia o leitor a explorar ideias com uma perspectiva crítica e independente. O livro instiga a utilizar sua própria cabeça para interpretar a trama irônica. À medida que você se envolve com a história, questione as suposições implícitas e desvende o verdadeiro significado por trás das palavras.

Enfrente o desafio de discernir entre o que é dito e o que é realmente pretendido, desfrutando das reviravoltas intencionais. *Pensar cansa* é uma viagem estimulante, em que cada página revela camadas ocultas de sarcasmo, incentivando a análise cuidadosa e a diversão intelectual.

(texto gerado por Inteligência Artificial)

PREFÁCIO

Nunca sou de crer em nada que não seja concreto. Sou fisicalista e não mentalista. Sempre me indignei com os caminhos "fáceis" vendidos por qualquer pessoa ou seita. Não acredito em "receita" pronta, de caminho a seguir, que sirva para todo ser humano, independentemente do tiro de partida. De tanto ver aproveitadores proliferarem em todas as áreas, resolvi posicionar-me de uma maneira contundente a respeito da "enganação" vendida como solução.

E haja enganação! O ser humano sempre está à procura de algo maior ou um caminho menos árduo em sua caminhada e, aí, vira uma presa fácil para os aproveitadores de plantão.

Se consegui expressar-me de uma maneira a pelo menos alertar a maioria para a grande falcatrua em diversas áreas, já me sinto realizado. Nem todos vão concordar com o que professo. Mudo de opinião se me provarem, com dados ou fatos concretos. Não sou dono da verdade, mas também não me deixo levar por modismos ou teorias vazias.

Em cada um dos capítulos, expressei com a máxima simplicidade o porquê de cada contestação ou não concordância com o que estava proposto. Espero que isso sirva, pelo menos, de alerta para que não se caia em armadilhas montadas – e bem arquitetadas – para se locupletar sobre a boa-fé ou mesmo a falta de conhecimento que hoje grassa em todas as áreas.

Se atingir pelo menos um pequeno número que fique alerta com o que proponho já atingi meu objetivo. Como não comungo do sistema empregado por gurus de autoajuda, que enchem "linguiça" para prolongar uma narrativa, vamos ao que interessa, ao texto.

O autor

SUMÁRIO

pensar cansa
considerações iniciais 17

1
o poder da/do ....
(como utilizar o termo para enganar) 31

2
o poder da enganação
"... sério, você acha mesmo isso?!" 42

3
o poder do subconsciente
durma e acorde quando quiser (não sei como, mas é só o começo) 52

4
quem pensa enriquece
pensa? 58

5
como fazer amigos e influenciar pessoas
(e deixar o autor do livro milionário) 77

6
coaching
gurus modernos 89

7
academias de ginástica/modeladoras
o corpo de nadador 99

8
dietas 104
(milagres inexistentes)

9
medicina estética
o mercado da beleza impossível (como ficar bela e infeliz) 113

10
as pseudociências
hipnose, PNL, parapsicologia e otras cositas más 118

11
religião
a forma mais antiga de autoajuda
(e de transformar você em um servo). 122

12
o segredo
(nunca revelado, adivinhe você)
o segredo – autoajuda sem o poder do/da...
+ o poder da atração 131

13
a verdade
diversas formas de dizer ou não dizer 139

14
martelos só enxergam pregos
amplie sua visão 147

cansou?
últimas palavras 156

pensar cansa

considerações iniciais

Muito mais do que você possa imaginar. Alguns acham que, por não gerar a respiração ofegante advinda de um esporte, pensar seja algo que demande menos energia, mas não. Pensar é extremamente cansativo.

Contudo, como comentou Gabrielle Bonheur "Coco" Chanel, a estilista e empresária francesa:

> O ato mais corajoso é pensar por si mesmo. Em voz alta.[1]

No corpo humano, o cérebro pesa mais ou menos 1,5 kg, representa de 2% a 3% da massa corporal. Ainda assim, consome cerca de 20% do nosso oxigênio e entre 15 e 20% da glicose. Comparado a outros mamíferos, em relação ao corpo, nosso cérebro é enorme: no ser humano, corresponde a 1/40 do nosso peso corporal; no elefante, a proporção é de 1/550. Ele pode arquivar o equivalente a 1.000 terabytes de informações. Talvez você não saiba o quanto isso represente, mas o smartphone, que apresentava o maior armazenamento no mercado no início da década de 2020, tem um terabyte de memória, uma capacidade relativamente grande para o uso comum.

Em estado basal, isto é, para manter-se nutrido durante um dia, o cérebro consome 350 calorias. Pensar queima tantas calorias quanto correr por meia hora a uma velocidade de 8,5 km/h. Claro, todos os processos biológicos consomem energia, mas o cérebro é o que mais consome. Além disso, o consumo energético cerebral é altamente variável – quando está em modo normal, por exemplo, ao caminharmos pela rua pensando em nossas coisas, o consumo é menor, pois nenhuma zona cerebral precisa estar mais ativada do que as outras. Contudo, se de repente começamos a resolver um problema difícil, a atividade cerebral intensifica-se e o cérebro passa, então, a gastar mais energia, a fim de suprir a "demanda de processamento". É como um

---

[1] VOGUE (on-line). The most inspiring Coco Chanel quotes to live by. 2018, s/p. Tradução minha.

carro que está em movimento lento e, quando acelera, faz isso com o consumo de combustível.

O gasto energético cerebral é medido pela quantidade e pela velocidade de sangue que chega até ele, por meio da ressonância magnética e da espectroscopia. Por isso ele está sempre procurando atalhos para que essa queima energética seja a mínima possível, afinal, este é o instinto de proteção humana: guardar energia para momentos de maior necessidade. Isso faz com que o nosso cérebro anseie e procure por respostas rápidas, fáceis, que demandem pouco esforço. Isso é chamado de heurística.

Heurística é um procedimento mental simples que ajuda a encontrar respostas adequadas, embora várias vezes imperfeitas, para perguntas difíceis. Heurísticas são processos cognitivos empregados em decisões não racionais, sendo definidas como estratégias que ignoram parte da informação com o objetivo de tornar a escolha mais fácil e rápida. Heurísticas rápidas e frugais correspondem a um conjunto de heurísticas propostas por Gigerenzer e que empregam tempo, conhecimento e computação mínimos para fazer escolhas adaptativas em ambientes reais. Existem três passos cognitivos fundamentais na seleção de uma heurística:

- Procura – em que a decisão é tomada entre alternativas e, por esse motivo, há uma necessidade de procura ativa.

- Parar de procurar – a procura por alternativas tem que terminar devido às capacidades limitantes da mente humana.

- Decisão – assim que as alternativas forem encontradas e a procura for cessada, um conjunto final de heurísticas são chamadas para que a decisão possa ser tomada.

Ou seja, por proteção e instinto, nosso cérebro realiza heurísticas para buscar a maneira mais simples de resolver os problemas que se apresentam em nosso dia a dia, com a alternativa mais aceitável e de mais fácil acesso naquele momento.

Vamos imaginar, por exemplo, que você esteja buscando algum curso para se qualificar, seja pessoal ou profissionalmente. Então, navegando na internet, você depara-se com um método, livro ou curso com um nome interessante e chamativo, que vai de encontro com aquilo que você, intrinsecamente ou inconscientemente, está procurando. Saiba que por "preguiça", a tendência de seu órgão principal, o cérebro, é acolher a sugestão.

Repare bem: o seu cérebro não adota aquela solução para o problema em questão por ela ser a mais correta ou a mais elaborada, mas por ser uma resposta mais instantânea e simplista, ou seja, uma resposta que o levou a falsamente acreditar que há uma maneira rápida de resolver aquela questão sem demandar muita energia.

Aí entram os famosos "gurus", que inventam algo extraordinário e comercializável, que chamam de "o poder do/da..." e resolvem o problema maior de sua vida ou de seu momento de busca. Fica extremamente cômodo, para quem procura uma solução milagrosa, acreditar que uma receita de sucesso, em qualquer área, possa ser universal. Acreditar que só depende da sua boa vontade para alcançar aquilo a que está se propondo, ou aquilo que outros estão propondo a você, de maneira sorrateira e fácil. Por isso você verá já no próximo capítulo a quantidade de livros que tem no título a palavra: poder.

Outros não trazem esse título, não obstante sugerem que você encontrará a felicidade virando a esquina da vida desde que adquira o livro ou o curso sugerido. Os charlatões sempre oferecem as maiores benesses com um custo baixíssimo para incautos, que estão exaustos de procurar, trabalhar, tentar, esforçar-se, e não conseguir o sucesso almejado em qualquer setor de sua existência, seja material, amoroso, de saúde, reconhecimento, pertencimento etc.; para tudo eles apresentam uma solução mágica e instantânea que só depende da pessoa.

Essas soluções não enganam apenas algumas pessoas em momentos frágeis da vida, mas multidões de todos os tipos ao redor do mundo. Torna-se muito confortável a ideia de que aquele livro será a "chave da mudança da sua vida". Mas que a verdade seja dita e repetida: não será. O problema maior é que, após adquirir esses livros ou frequentar um curso desses gurus de esquina, ao invés de sentir-se confortável após tentar colocar em prática a lição proposta, a tendência é que você sinta-se mais frustrado, inferior, sem capacidade de reação. Como todos propagam que essa é a fórmula fácil de conseguir algo, só eu não consigo? Como milhares compram esses livros e cursos e indicam para amigos como se tivessem conseguido algo ou melhorado na vida apenas por essa simples leitura, e só eu não consigo?

Você só não conseguiu porque o livro ou curso sempre traz uma – e na maioria das vezes – várias interrogações, e na maior parte das vezes, não há respostas. Tais *best-sellers* o envolvem em uma linha de raciocínio que é bem elaborada e feita para prender sua atenção. Se reparar atentamente, capazes de despertar seu interesse apenas por você sentir que precisa de cada vez mais respostas, já que o raciocínio proposto só está deixando-o mais confuso e perdido ao invés de esclarecido. Você nunca entende completamente o que o autor ou professor quis dizer de verdade, parece até uma sabedoria mística, sempre tem um segredo a mais. Inclusive, chegaram até a escrever um livro com esse título: *O segredo*.

Nele, a autora diz que descobriu a resposta para os maiores problemas que a afligem, porém, mesmo você pagando pela revelação dela ao adquirir a obra com seu rico dinheirinho, ela não vai lhe contar. Trate de adivinhar ou deduzir você mesmo. Se for capaz e tiver a determinação, mesmo assim será em vão. Por mais que você tente achar alguma resposta nas entrelinhas do livro, ela ainda não está lá. Sempre tem algo que não depende só de você. Se não fosse assim todos conseguiriam, e se tudo dependesse apenas da boa vontade e de pensamentos positivos, por que tantas pessoas estariam estagnadas na vida mesmo tendo tanta vontade de mudar e crescer?

Então por que seu amigo lhe indicou esse livro ou curso? Porque tendemos a não aceitar que fomos enganados, e também sempre tem alguma frase de efeito que ele aprendeu a usar que faz com que se sinta um pouco superior desde que começou a jornada enganosa, repetindo o mantra para seus amigos. Se frases de efeito criadas pelos autores e professores de autoajuda realmente ajudassem, o mundo só seria como é para pessoas completamente incompetentes. Não é o seu caso, tenho certeza, você só caiu no conto do vigário porque o merchandising em cima de determinados autores e livros faz com que seu cérebro, como já escrevi aqui, acredite erroneamente que existem atalhos e soluções fáceis para problemas difíceis.

Para não ser enganado novamente só existe uma solução: pare de procurar milagres. Só estudo e trabalho dar-lhe-ão alguma chance de modificar seu destino. Mas, veja bem, mesmo assim a chance de uma mudança estratosférica ainda não é grande. Aliás, é diminuta. Este livro não será responsável por lhe vender a ideia de que trabalhando e estudando, com certeza você alcançará o sucesso milionário, de férias o ano inteiro, e a aposentadoria imediata, pois a realidade é que o mundo é severamente injusto. Por isso muitos que percorrem o caminho do trabalho e do estudo nem sempre conseguem um futuro significantemente melhor, por melhor boa vontade que tenham. Na maioria das vezes, somos "iludidos pelo acaso", como ensina Nassim Nicholas Taleb (1960-) em seu livro com esse título.

(Ao final deste capítulo, no subtópico Por que a gente é assim?, dou minha visão de como não me iludo com a "venda" do livre-arbítrio como algo com o qual nascemos, ou que podemos comprar na próxima esquina, ou terá a benevolência de uma entidade superior).

Voltando... Quando erramos, tentamos achar um culpado, e quando acertamos, somos nós quem achou a solução ideal. Ledo engano. Conheço – e você também conhece – inúmeras pessoas que tentam, fazem tudo corretamente (ou pelo menos imaginam que estão fazendo), são boas, benevolentes, inteligentes e, ainda assim, sofredoras. Esse é um dos motivos que faz com que eu não acredite que exista um Deus que joga dados e decide: você será vencedor, mas seu irmão será um perdedor. O imponderável está sempre à espreita.

Por questão de segundos, de época, de oportunidade não enxergada, por falta de dinheiro, por apostar em outro cassino, a sua "sorte" não foi acionada, e seu colega, que fez uma aposta simples, acertou na loteria no prêmio maior. É possível que ele não se dedicou mais do que você, não tenha trabalhado nem estudado mais arduamente, porém, ainda assim, foi ele quem conseguiu o grande prêmio. Que injusto!

Sim, o mundo não possui um juiz para garantir que tudo aconteça por merecimento e com justiça. Enfim, como disse o poeta e dramaturgo francês Oscar Wilde, em sua peça *Um marido ideal*, publicada em 1893, "A vida nunca é justa, e talvez seja bom para a maioria de nós que não seja".[2] Ainda bem, pois se tudo fosse justo e previsível seria um sofrimento a nossa existência. O sal da vida é exatamente isso, a emoção da vida está em não saber tudo aquilo que o futuro nos reserva e não poder controlá-lo completamente. Descobrimos conforme vivemos. Isso se denomina aleatoriedade. Mas o que vem a ser isso?

Aleatoriedade.

---

[2] Oscar Wilde. *Um marido ideal*. 1893.

Significa: qualidade ou característica do que é aleatório; indeterminação, incerteza, casualidade.

Olhe para sua vida dez anos atrás. Quanto do que você desejou ou queria você tem hoje? Como você imaginou sua vida em todos os sentidos e como está hoje em relação à sua perspectiva passada? O que você conseguiu ou deixou de conseguir e foi melhor na atual perspectiva? Provavelmente não está tudo conforme você planejou naquela época, contudo não foi só o que você queria e não conseguiu que importa. Importa também aquilo que desejava e veio melhor. Ou pior.

Na maioria das vezes, o que não aconteceu foi o melhor dos acasos, pois foram, possivelmente, esses acasos que fizeram com que acontecessem coisas que nunca haviam sido planejadas, mas que se tornaram muito melhores do que o programado. Você estava apaixonado por uma determinada pessoa, talvez tenha planejado uma vida inteira com ela. Ela apaixonou-se por outro, você sofreu e achou que ia morrer, que nunca mais encontraria uma pessoa igual àquela. Então você superou e tempos depois encontrou o anjo de sua vida, que está com você até hoje e lhe deu filhos maravilhosos. "Minha vida foi cheia de infortúnios, a maioria deles não aconteceu", cunhou o filósofo francês Michel de Montaigne (1533-1592).

Acasos, não? Outra pergunta: a vida é feita de escolhas ou de renúncias? É como perguntar quem veio primeiro, o ovo ou a galinha? Cada um tem uma visão do que procurou, mesmo que dois procurem a mesma coisa. A visão de cada um, por ser única, nunca, em hipótese alguma, é idêntica em seus pormenores. E sempre achamos que estamos fazendo a escolha ou a renúncia correta. Quem erra por querer? Quem acerta quando quer? Essa inquietação é que me levou a desmistificar esses falsos gurus de autoajuda. Fazer com que as pessoas acreditem que conseguem controlar todas as variáveis ao seu redor para que todos os seus planos aconteçam é cruel, além de ser uma ilusão. A vida já é difícil sem enganação, imagine com a fraude sendo vendida como pipoca?

Imagine como será ainda mais difícil se você passar a vida relutante por acreditar que só não atingiu o sucesso porque não pensou positivo o suficiente ou porque não se esforçou o quanto era necessário? É... Dessa maneira será muito pior. E por que a maioria dos livros de autoajuda começam com o título *O poder da/do*...? Porque poder, por menor que lhe seja oferecido, é tudo que o ser humano quer. Não sendo um hipócrita que se acha superior, todos o desejam, em menor ou maior grau, para o bem ou para o mal.

Poder! Melhor ter algo para usar em situações que o exigem do que ser sugado pelo fracasso ou pela impotência. Poder para acabar com a fome no mundo, a sede, as doenças, a falta de grana, as injustiças. Poder para satisfazer qualquer desejo, seja ele material, sexual, seja qual for. Poder para conquistar quem você ama, ou fazer quem você ama te amar. Poder para saciar seus desejos mais escondidos, novamente, para o bem ou para o mal. Poder para ter o que é proibido à maioria, ou para dividir o que a maioria tem e a minoria implora. Poder para estabelecer padrões, divisão de afazeres, distribuição de bens.

Dizer que o poder não importa é análogo ao que muitos impulsivamente falam, de que dinheiro não traz felicidade. Verdade em partes, pois não garante a felicidade, mas possibilita uma vida boa, o fim de algumas preocupações momentâneas, segurança alimentar, talvez o pagamento de um bom tratamento de saúde para si ou a um parente enfermo, e a realização de sonhos. O dinheiro torna, sim, a felicidade mais fácil de ser atingida do que se você tem problemas financeiros, por exemplo, afinal o dinheiro é um dos poderes mais importantes no mundo moderno.

Enfim, qualquer grau de poder seria, e na maioria das vezes é, o suficiente para tornar uma pessoa diferente dos simples humanos que não o possuem. E na maioria das vezes é isso que procuramos, algo que nos diferencie. Porém a pretensão humana de poder, de domínio, seja em qual dimensão ou força, tem limites, e esses limites não são determinados por você.

Já discutimos isso quando disse que não acredito no livre-arbítrio. Já comentamos que o poder que buscamos, principalmente o vendido pelos gurus da autoajuda, é o poder sem esforço. A ideia de "compre, frequente meu curso e será bem-sucedido" é estelionato puro. Corra de discursos do tipo: "Sem risco, sem frustrações, só com minha fórmula e o meu guia você conseguirá o que quer, da maneira que quer, no tempo em que quiser, independentemente de quem terá que ficar pelo caminho dessa sua busca incessante e milagrosa"; "Você terá todos os meios para conseguir seu intento com um custo-benefício ínfimo".

Não se deixe enganar, a busca por esse poder é justamente o que lhe faz comprar o ouro de tolo. Ouro de tolo, aquele, da música do Raul Seixas, geralmente vendido por mulheres que se passam por ciganas e que, na pressa e na ganância do lucro fácil, você compra e só depois descobre que comprou cobre.

Nossa existência está cheia de frustrações, provações, violações, cobranças injustas, ressentimentos, mas também de benevolência, caridade, amor, fraternidade, gentilezas, empatia; depende onde você está, qual é o seu meio e o que procura.

No livro *O anel de Giges: uma fantasia ética*, Eduardo Gianetti propõe-nos analisar o que faríamos se tivéssemos poder. O citado conto surgiu com Platão, no livro II de *A Republica*, e põe à prova nossa condição ética quando temos o salvo-conduto de nos tornarmos invisíveis, podendo, assim, mostrar a nossa nudez moral.

Nesse cenário, ao experimentar a invisibilidade proporcionada pelo anel, teríamos a tão sonhada liberdade para realizarmos todos os nossos desejos mais ocultos. Aí se desnudaria o nosso caráter, aqui entendido como virtude, ou a falta dela. Ou, ainda, seria a oportunidade de trazer à tona a nossa personalidade escondida de todos, inclusive, também, na maioria dos casos, de nós mesmos. Aquela personalidade instintiva, que reprimimos a fim de encaixarmo-nos na vida em sociedade.

Normas e costumes mudam com o tempo. Caráter eu não tenho certeza. Alguns dizem que não, outros admitem que podemos aprender com o meio em que somos educados ou inseridos, mas, acredito eu, que o caráter humano sofre, sim, as influências do meio em que é submetido, inclusive, moldando nossa unicidade.

Caráter é a soma dos nossos hábitos, virtudes e vícios, faz-nos ver além das consequências dos atos de hoje. É, portanto, inerente a todo e qualquer ser humano; é impossível viver sem ter um, qualquer que seja ele.

Nos tempos atuais, o terceiro milênio é descrito pelo polonês Zygmunt Bauman (1925-2017), teórico da pós-modernidade, como mundo líquido, em que se observa a terceirização tanto do caráter como do pensar com a própria cabeça, principalmente deste último. Por isso estamos vendo uma enxurrada de *fake news*, notícias falsas que se espalham rapidamente e são acatadas por milhares ou milhões de indivíduos que não buscam a veracidade das desinformações.

Mas por que isso ocorre? Muitas pessoas simplesmente acreditam no que foi repassado, geralmente por ser a fonte alguém que a pessoa confia, um grupo que o indivíduo deseje estar em concordância ou cobice pertencer. Se estou em um grupo em que busco o pertencimento, tenho a tendência de repetir os mesmos gestos e pensamentos dos outros. Isso é algo muito interessante a se pensar, e foi primeiramente proposto por um sociólogo francês, Charles-Marie Gustave Le Bon (1841-1931), em sua obra *A psicologia das multidões*.

O livro, lançado em 1895, visava analisar a sociedade por meio de uma visão particularizada do indivíduo, afirmando que a principal característica dos grupos é a sua capacidade de se sobreporem à consciência individual – fenômeno denominado por ele de contágio mental. Ou seja, segundo ele, existe algo chamado de alma coletiva, na maioria das vezes inconsciente e que manipula os sujeitos pertencentes de um grupo, afrouxando o discernimento pelo grande poder de sugestão das multidões.

Obviamente, Le Bon não foi o único sociólogo interessado na tendência humana de querer encaixar-se em grupos. Posteriormente, o assunto também foi debatido pelo sociólogo checo Sigmund Freud (1856-1939), em *A psicologia das massas e Análise do eu*, publicada em 1921, período entreguerras.

Assim como Le Bon, Freud elabora uma crítica à maneira como o indivíduo age quando está no modo de pensar coletivo. Na obra, as massas são descritas como aglomerados sem muita vontade e vulneráveis a um poder maior. Essa necessidade intrínseca do ser humano de pertencimento é vista desde a tenra infância, por meio da sua ânsia de participação em diferentes comunidades.

Até pouco tempo, a busca por identidade limitava-se a discussões filosóficas, mas desde meados do século XX, em que um grande número de pessoas começou a apresentar crises identitárias e a questionar-se quem são, no que realmente acreditam, sentem e pensam, o tema ganhou maior destaque e a discussão foi expandida para o cerne da contemporaneidade, tornando-se foco de inúmeros estudos acadêmicos a compreensão, dentro do contexto atual, do motivo de essa tendência ter sido adotada pela ciência.

Esses questionamentos são mais comuns principalmente em grupos de pessoas que têm sua identidade negada e sentem-se excluídas por serem diferentes da maioria, ou porque vivem em um sistema autoritário que não permite a expressão de seu Eu interior. Além disso, nós tendemos a acreditar mais em nossos grupos de amigos ou em nossa comunidade, mesmo que de maneira automática, do que gastarmos energia para pensar de forma diferente ou contestatória.

Também somos influenciados pelo efeito halo, um viés que interfere na impressão que temos das coisas. Esse efeito ocorre quando tiramos conclusões precipitadas sobre algo ou alguém, analisando apenas alguma característica ou aspecto pontual. Ou seja, é um julgamento precipitado que, por tomar como base uma convicção pessoal do avaliador sobre uma característica, pode afetar o resultado geral. Por exemplo, quando o chefe de uma empresa irá realizar uma contratação e simpatiza com um dos candidatos, ele terá uma forte tendência inconsciente de favorecer a entrada dele, mesmo que ele não seja o mais apto ao cargo. Nesse caso, o julgamento do chefe mediante alguma característica pontual do candidato influenciou-o e afetou o resultado geral da contratação.

No mesmo contexto, é comum observar casos em que um preconceito, ou por um candidato ter tatuagens ou por um modo de vestir-se diferente do esperado pela empresa, influencie negativamente o julgamento do contratante. De forma inconsciente, ao avaliá-lo, o contratante associa uma característica pessoal do candidato, que não tem ligação com a sua capacidade profissional, e julga-o incapaz de ocupar o cargo apenas por aquela razão. Esse é o efeito halo afetando o resultado geral.

O efeito halo também é muito comum e tem grande influência nas avaliações de desempenho. Provavelmente, se um avaliador está analisando alguém de quem tem boa impressão, essa avaliação será mais positiva do que se ela fosse ruim.

O termo foi criado pelo psicólogo americano Edward Thorndike (1874-1949) durante a Primeira Guerra Mundial. Ele dizia que a primeira impressão criada sobre um soldado faz com que uma pessoa tenha a tendência de captar características dele que irão de acordo com essa impressão. Por exemplo, Thorndike achava que a aparência física influenciava no julgamento das características dos soldados em combate. Sendo assim, para ele, os soldados mais bonitos tinham maior chance de terem habilidades de combate admiráveis. Na visão do psicólogo, a aparência e a capacidade de combate de cada soldado, apesar de serem características tão diferentes, eram, então, correlacionadas.

Embora tenha sido um termo criado na Primeira Guerra, também descreve perfeitamente muitos processos de tomada de decisões no mundo dos negócios atualmente. Diversos estudos apontam que, em geral, diretores de altos cargos, presidentes, CEOs, vice-presidentes e pessoas influentes nos negócios, costumam tomar decisões sobre candidatos baseadas em características pontuais ou até distorcidas. Ao agirem dessa maneira, caem no efeito halo, pois dão ênfase em algumas características por vezes nem tão importantes e desvalorizam outras. Entretanto o efeito halo não deve ser visto só como a causa de decisões "confusas" ou prejudiciais. Ele já foi apontado por especialistas de marketing como uma forma eficiente de vendas.

Melvin Scorcher e James Brant,[3] dois consultores norte-americanos, escreveram, no artigo *Você está escolhendo os líderes certos?*,[4] sobre como o efeito halo pode ser usado intencionalmente, de uma maneira benéfica, nas empresas – muito usado nas empresas automobilísticas. Nesse ramo de negócios, alguns carros tendem a ser mais populares e supervalorizados e, por isso, fazem com que o nome da marca fique em alta – influenciando na venda de outros veículos da mesma série. Do mesmo modo, é muito comum usar dessa influência da primeira impressão positiva para vender outros tipos de produtos.

Vamos pensar no caso das celebridades. Quando uma personalidade reconhecida e admirada por muitos fala positivamente sobre um produto ou uma marca, muitas pessoas são influenciadas pelo seu posicionamento. Assim, seus espectadores, que são consumidores em geral, tenderão a ter uma primeira impressão positiva apenas por determinadas características, ficando mais propensos a adquirir algum produto. Avaliando isso, vemos que novamente é o cérebro enganando as pessoas.

Apesar de não admitirmos, o cérebro tem muita preguiça e tende a ser levado pelas primeiras impressões. As pessoas não sabem se o produto indicado pela celebridade é, de fato, bom, e possivelmente não sabe quase nada sobre ele além das características brevemente citadas, mas, ainda assim, são levadas pela primeira impressão. Esse é mais um exemplo de situação em que o cérebro escolhe a comodidade, acata opiniões pelos caminhos mais fáceis, que exigem menos gasto energético de pensamento.

---

[3] Não encontradas informações pessoais dos autores, como datas de nascimento.
[4] SORCHER, Melvin; BRANT, James. Are you picking the right leaders? *Harvard Business Review*, fev. 2002. Disponível em: https://hbr.org/2002/02/are-you-picking-the-right-leaders. Acesso em: 12 fev. 2020.

Continuando a observar como somos constantemente enganados no nosso cotidiano, vamos falar, ainda que de maneira superficial, sobre pseudociências como a Programação Neurolinguística (PNL) e a hipnose. Falarei com mais detalhes sobre a hipnose posteriormente, mas vou, agora, citar o básico para a relacionarmos à PNL.

Hipnose é um método que afirma promover mudanças de comportamento por sugestão. Existem várias maneiras de praticá-la, porém a mais tradicional resume-se a submeter o paciente a um estado de transe. Quando ele atinge esse estado mental, acredita-se que ele fica suscetível a receber comandos falados sobre seus pensamentos ou seu comportamento. É uma técnica que visa gerar mudanças no comportamento por essa indução mental, geralmente para que a pessoa mude hábitos negativos ou afins.

Sabendo disso, podemos falar melhor sobre a PNL, que consiste em um dos métodos da hipnose mais usados na modernidade. Apesar de PNL significar Programação Neurolinguística, ela foi apelidada por muitos como "ciência do sucesso", e utiliza de técnicas psicológicas – sem nenhuma comprovação científica – para fazer com que você se sinta mais capaz de alcançar o sucesso. Ela foi criada por Richard Bandler (1950-) e John Grinder (1941-), nos Estados Unidos, em meados da década de 1970.

Essa pseudociência tem como objetivo unir psicoterapia, prosperidade pessoal e comunicação, já que, na visão dos criadores, essas áreas estão intrinsecamente conectadas. Os adeptos do método acreditam que existem relações de interdependência entre a linguagem, o comportamento e os processos neurológicos de um indivíduo. Além disso, acreditam que essas características pessoais e neurológicas podem ser alteradas de modo intencional ao longo da vida, o que pode resultar em benefícios pessoais e realização de várias metas para seus praticantes. Ou seja, os criadores, e as pessoas que cegamente creem nessa pseudociência, anuem que essas técnicas de persuasão guiada podem moldar as habilidades de uma pessoa ou até criarem habilidades que o indivíduo nunca apresentou e, é bem provável, não teria nenhuma tendência a adquirir.

E não para por aí! Os criadores afirmam que a PNL tem capacidades curativas, podendo tratar, em um único encontro, problemas como distúrbios motores, depressão, fobias, alergia, miopia, distúrbios de aprendizagem, entre outros. Se todas essas doenças que afetam o corpo do indivíduo em diversas áreas diferentes pudessem ser curadas simplesmente moldando o pensamento, por que existiriam profissionais como médicos e psicólogos, que levam anos estudando para conseguir uma formação a fim de tratá-las? Por que as pessoas ficam doentes se conseguem alterar todos esses fatores no seu corpo, além de adquirirem habilidades excepcionais apenas modelando seus padrões comportamentais e seus processos neurológicos? Se fosse assim, essas enfermidades seriam muito mais simples e não trariam tanto sofrimento para um enorme número de pessoas ao redor do mundo. Então por que essa técnica continua com tantos adeptos confiando cegamente nela?

Pelo mesmo motivo que cresce a venda de livros de autoajuda: é vendida como uma solução prática para todos os problemas, e as pessoas, desesperadas por um jeito fácil e rápido de melhorar a vida, sem demandar muito esforço, acolhem-na como se fosse a melhor escolha.

Estudos científicos afirmam que a PNL é incompatível com a teoria neurológica atual e apresenta vários erros factuais, contendo inúmeras falhas metodológicas significativas. Ainda assim, mesmo com todos os estudos e o consenso científico de que a PNL é uma pseudociência, ela continua a ser vendida por vários hipnoterapeutas e por empresas, que organizam palestras sobre gestão. Mais uma vez, os pseudogurus nadam de braçada, usam de todos os meios disponíveis para angariar adeptos e recursos, mesmo que cientificamente sejam desmentidos e saibam, no fundo, que estão recebendo dinheiro com a venda de uma farsa

Mas quem se importa com isso? Quem procura conhecer o que cada "nova" moda significa e tem de correto ou de enganação? Quem checa a veracidade e a comprovação científica das "modas", sendo que acreditar nelas e nas soluções milagrosas, baratas e rápidas propõe um conforto muito maior?

No quesito PNL, existem cursos caríssimos que propõe a técnica como um elixir da felicidade. Vendem, como para uma oficina mecânica, ferramentas, isto é: você usa a mesma técnica, de diversas maneiras, em qualquer realidade que seja, de acordo com a situação presente, e o resultado é sempre garantido. Tentam incutir nos adeptos que podem modelar sua personalidade ou a de terceiros, basta comprar suas falácias, e muitos compram.

Por isso profissionais de várias áreas, terapeutas de diversas matizes, aprendem o básico sobre algo milagroso e saem vendendo a enganação como se vende remédio para tirar a dor. Porém, em muitas ocasiões, é melhor tomar o remédio, pelo menos, quando passar o efeito, você vai procurar a causa do problema com alguém com conhecimento científico. Pelo menos, é o que espero

Bem... Até agora citei brevemente algumas maneiras que a sociedade encontrou de enganar a mente, ou driblá-la, cada qual com seus autoproclamados benefícios e inúmeros adeptos. Seja por frases de autoajuda que dizem que tudo depende apenas de você, ou por cursos que prometem a solução mágica dos seus problemas; seja pela sugestionabilidade das massas ou pelo efeito halo, pela forma de hipnose conhecida como PNL, por todas as ideias parapsicológicas e místicas ou quaisquer outras pseudociências, diversos mestres enganadores de multidões surgiram em nossa sociedade.

No capítulo "As pseudociências" desmistificaremos alguns deles, mostrando essas e outras maneiras de iludir o cérebro, como a hipnose.

1

o poder da/do ....

(como utilizar o termo para enganar)

A moda agora é: o poder da/do ....
O Poder da Ação.
O Poder do Hábito.
O Poder do Agora.
O Poder do Subconsciente.
O Poder da Mente.
O Poder da Oração.
O Poder das Palavras.
O Poder da Gratidão.
O Poder da Autorresponsabilidade.
O Poder da Autoestima.
O Poder de suas Palavras.
O Poder do Silêncio.
O Poder da Positividade.
O Poder dos Quietos.
O Poder do Chá de Sumiço.
O Poder da Oração.
O Poder Psiquiátrico.
O Poder da Esposa que Ora.
O Poder Secreto da Oração e do Jejum.
O Poder da Vida.
O Poder sem Limites.
O Maior Poder do Mundo.
O Poder da Mãe Que Ora.

O Poder do Espírito Santo.
O Poder Sobrenatural de uma Mente Transformada.
O Poder da Fé em Tempos Difíceis.
O Poder de uma Decisão.
O Poder de Crer Corretamente.
O Poder Latente da Alma.
O Poder da Atitude.
48 Leis do Poder.
O Poder do Carisma.
O Poder do Pensamento Positivo.
O Poder da Língua.
O Poder do Perdão.
O Poder dos Gatos na Cura das Doenças.
O Poder da Resiliência.
O Poder dos Pais que oram.
O Poder da Oração para Mulheres.
O Poder Mágico das Velas.
O Poder dos Momentos.
O Poder da Inteligência Emocional.
O Poder dos Encantamentos.
O Poder de Louvar.
O Poder do Evangelho e sua Mensagem.
O Poder do Amor.
O Poder Oculto.
O Poder do Sentido.
O Poder do Pensamento pela Ioga.
O Poder de Cura do Limão.
O Poder do Caráter na Liderança.
O Poder da Paciência.
O Poder Infinito de Sua Mente.
O Poder Latente da Alma.
O Poder da Benção dos Pais.

O Poder da Igreja Original.

O Poder de Delegar.

O Poder da Intercessão.

O Poder Curativo das Mudras.

O Poder Secreto dos Símbolos Maçônicos.

O Poder dos Momentos.

O Poder das Folhas.

O Poder do Incômodo.

O Poder do 80/20.

O Poder da Física Quântica.

O Poder da Umbanda.

O Poder das Simpatias para Alcançar o Sucesso

O Poder do Discurso Materno.

Ufa! Mais de 60 poderes! E se você procurar, encontrará outras tantas formas de PODER, descritas como uma solução para tudo o que você precisar. Para todos os problemas que você enfrentará ou já enfrentou na sua vida existe um poder para minimizá-lo, ajudá-lo ou resolver por você. Se a sua vida não é o que você desejou, seja na área amorosa, profissional etc., basta seguir um desses poderes e colocá-lo em ação para que suas dores acabem. "Já que você não tem coragem, tem medo de arriscar, eu lhe darei 50 dicas (darei não, venderei) ou mais, para você ser rico e feliz".

São essas e outras promessas o foco das detalhadas análises a seguir. É com os compromissos apontados anteriormente que os gurus de autoajuda tiram seu dinheiro e de outros incautos. Quando você **não** se sente responsável pelas suas escolhas, visto que lhe dão a receita do sucesso e da felicidade, a angústia diminui. Isso acontece porque você não precisa responsabilizar-se, afinal, caso tudo dê errado, você só seguiu o que lhe passaram, e se aquilo não mudar a sua vida, não será por você não ter estudado o suficiente ou por não ter tido bons resultados no seu emprego, será porque lhe ensinaram errado. Erro dos outros, não seu. É com essa linha de pensamento que a angústia diminui e, consequentemente, torna-se tão confortável seguir os livros de autoajuda. Só ganham dinheiro porque você não tem coragem de seguir seu próprio caminho e, assim, você se deixa escravizar.

Quem tem coragem arrisca, não segue os passos de outros. Os que se conformam com a fronteira tendem a permanecer nela e, se andarmos em círculos e sempre seguirmos as nossas mesmas pegadas, chegaremos sempre ao mesmo lugar. Portanto, arrisque! Tente. Quebre a cara. Acredite em um projeto. Não ocorreu da maneira que esperava? Tente de novo! Mas não tenha uma vida morna, pois o morno não ferve o leite e leite sem ferver estraga rápido.

Bom, antes de analisar o porquê da palavra PODER em sugestivos títulos, vamos à etimologia dessa palavra, que denota alguma forma de ser superior em relação a algo ou em relação a alguém, e a visão de alguns pensadores sobre o assunto. Segundo Porfírio,

> [...] a palavra **poder** vem do latim *potere*, e seu significado remete-nos à posse de **capacidade ou faculdade de fazer algo**, bem como à posse do **mando e da imposição da vontade**. A sociologia e a filosofia discutem formas e teorias sobre o poder, apresentando distintas definições, ao longo de séculos, de acordo com o cenário histórico, político e social de cada época. [...] Para além de ter a autoridade, o comando ou simplesmente a faculdade de ser capaz de algo, por atributos físicos ou intelectuais, o poder é uma força que permeia as relações sociais desde o início da sociedade humana.
>
> O poder expressa-se pelo embate de forças, mas, antes disso, ele existe em si enquanto uma força.[5]

Achei, de todas as formas de descrever o poder, essa a mais sucinta e condizente com as mais variadas épocas e descrições de muitos estudiosos. No entanto, apesar dessa definição padrão, o poder foi definido de várias maneiras durante a história.

No período paleolítico, ele era considerado por muitos como a capacidade de manusear o fogo. Já na Idade Média, os poderosos eram os donos de grandes propriedades de terra. Em épocas de guerra, como na tão conhecida Guerra Fria, os países associavam a ideia de poder com a capacidade bélica, ou seja, os países com maior poder de fogo eram os detentores do poder.

---

[5] PORFÍRIO, Francisco. Poder. *Brasil Escola*. 2023. Disponível em: https://brasilescola.uol.com.br/sociologia/poder.htm. Acesso em: 12 abr. 2023.

Independentemente do século e do que significava essa simples palavra para a época, o poder sempre teve uma grande importância na sociedade, sempre foi algo desejado. Por esse motivo, muitos pensadores basearam seus estudos no assunto. Assim sendo, existem diversas teorias sobre o que é, para cada um deles, o poder.

A seguir, discorrerei sobre o que é poder para vários teóricos. É importante salientar que cada visão condiz com o tempo em que viveram e respectivos pontos de vista.

Os principais estudos sobre poder

Analisando o poder sob uma visão que analisa a influência da economia na vida social, não há como deixar de lembrar do economista e sociólogo alemão Karl Marx, que viveu entre 1818 e 1883.

Para ele, os indivíduos dotados de poder são aqueles que têm os meios de produção de capital, ou seja, a conhecida burguesia. Na época, isso representava os donos de fábricas e/ou proprietários de grandes terras. Tendo o meio de produção de capital sob seu domínio, a burguesia torna-se capaz de submeter o proletariado, ou seja, seus empregados, ao seu poder. Isso, na visão de Marx, sempre ocorre de maneira exploratória e injusta. Não à toa, o sociólogo é conhecido pela criação do conceito de mais-valia.

Marx estabeleceu o termo como uma expressão para definir a grande exploração da burguesia para com o proletariado – que produziria, por exemplo, cem reais em um dia, mas receberia dez reais ou nem isso. São essas relações de trabalho desiguais que, para Marx, causam a maior parte das injustiças sociais, já que o patrão abusa do trabalho do seu empregado com o intuito de lucrar em cima dele.

Marx dizia que a solução para essa exploração seria o que ele nomeou como revolta do proletariado contra a burguesia, o que consistiria na tomada dos meios de produção pelos trabalhadores para distribuí-los entre o proletariado para, assim, dissolver o poder entre toda a população. Contudo, para que essa revolta acontecesse com sucesso e seus objetivos finais fossem cumpridos, Marx afirmava que era necessária a criação do Estado Socialista, um tipo de poder central que seria responsável por cuidar da gestão das propriedades e das suas distribuições.

Além da visão de Marx sobre o que é poder, temos também a conhecida teoria do sociólogo alemão Max Weber. Para ele, o poder é a capacidade de impor a vontade de uma pessoa ou instituição sobre os indivíduos. Na maioria das vezes, essa imposição acontece de maneira direta e explícita, podendo ser acatada tranquilamente como uma força de ordem ou não.

Quando um indivíduo submete-se ao poder de alguém e aceita isso como uma força de ordem, ocorre uma mudança de forças do campo do poder para o campo da dominação. Ou seja, o indivíduo que aceita a ordem e, consequentemente, submete-se à imposição, está submetendo-se à autoridade da outra pessoa ou instituição.

Já para o filósofo francês Michel Foucault (1926-1984), o poder não se encontra centralizado, mas dissolvido na sociedade. Vale ressaltar que, focando no conceito de o que é poder na sociedade pós-moderna, e que vivemos atualmente, a teoria foucaultiana é a que ganha maior destaque. O estudo do filósofo francês sobre esse assunto é considerado, por muitos estudiosos, como aquele que atualmente explica o poder de maneira mais minuciosa e complexa.

A sociedade é descrita por Foucault como um emaranhado de pequenas relações de poderes, cujo principal intuito seja docilizar os corpos. Ou seja, o poder na sociedade moderna visa moldar e/ou controlar os corpos e as mentes dos indivíduos – pela imposição da disciplina. Na análise detalhada de Foucault sobre o poder, é relatado que a representação de poder alterou-se com a dominância do capitalismo liberal na sociedade, principalmente após a Revolução Industrial, iniciada em 1760, com consequências e mudanças radicais na vida de todos os indivíduos. Antes, as jornadas de trabalho seguiam o dia: trabalhavam em horários de luz natural (dia) e descansavam ao chegar o pôr do sol.

Após a Revolução e como nunca antes havia amplamente ocorrido, o trabalho virou o principal foco na vida da maioria dos cidadãos, alterando não só as jornadas de trabalho e o modo de vida, mas também a mudança de algumas perspectivas – como o que é ter poder. Essa mudança deu-se, pois, antes de 1760, quando a forma de poder predominante concentrava-se nas mãos do rei e só ele era detentor de todo o poder. Essa era a época em que as antigas monarquias comandavam a sociedade. O poder concentrado no rei levou Foucault a uma ideia de poder denominada de macrofísico, isto é, que representa o poder grande e concentrado.

No entanto, como relatado, esse poder deixou de ser grande e concentrado após a Revolução Industrial. Com o nascimento do capitalismo liberal industrial, o poder diluiu-se em diversas instituições de controle diferentes por toda a sociedade. Se nas monarquias o poder era todo do rei, na modernidade ele é exercido por diversas instituições conhecidas por imporem a disciplina.

Essas instituições podem ser entendidas como locais de confinamento, que são responsáveis por dominar, controlar e moldar os indivíduos. Podem funcionar com o intuito de fazer com que eles sejam mais produtivos ou para forçá-los a enquadrarem-se nas normas sociais, ou para impor qualquer tipo de comportamento desejado. São elas, por exemplo, a escola, as prisões, os hospitais, os sanatórios, os quartéis-generais, a Igreja, as indústrias ou os locais de trabalho em geral.

Agora, veremos a visão do que é poder para o sociólogo francês Pierre Bourdieu, que viveu entre 1930 e 2002. Para ele, o poder está no coletivo e no que esse, por si só, é capaz de exercer sobre os indivíduos. Bourdieu define que o coletivo e a sociedade são permeados pelo que foi denominado por ele de *habitus*, uma tentativa de correlacionar as nossas ações individuais com os moldes que recebemos da sociedade. Ou seja, é um conjunto de costumes, normas, elementos culturais (como a religião), que moldam os indivíduos e suas formas de agir, e considerado por muitos aquilo que une ou separa as pessoas.

É uma imersão que ocorre de forma inconsciente e não planejada. As pessoas assimilam em sua personalidade esses costumes a que são submetidos durante a vida, visto que a tendência do ser humano é interiorizar sua cultura e reproduzi-la em seu dia a dia. Para Bourdieu, isso existe porque há um poder de coerção, ou seja, as pessoas desejam, inconscientemente, gostar, consumir e adequar-se àquilo que está em concordância com o seu grupo. Isso gera a sensação de pertencimento. Quem consegue comandar esse coletivo inconsciente a seu favor torna-se capaz de influenciar preferências na sociedade, por isso certas personalidades são dotadas de poder social ou econômico, pois criam uma imagem simbólica que muitas pessoas começam a desejar seguir.

Aqui, entraremos na visão do que é o poder para Norberto Bobbio (1909-2004), filósofo italiano que afirmou que existe não só uma, mas três diferentes formas de poder, obtidas e exercidas de diversas maneiras em uma comunidade. Sua análise foi baseada no contexto atual, com influência marxista, e as três formas de poder são: ideológico, econômico e político.

O poder ideológico é aquele que consiste na capacidade de influenciar a população com pensamentos ou ideologias. Esse poder é muito associado à mídia e aos meios de comunicação em geral pela grande capacidade de influenciar as massas. É mais simples de entender o poder ideológico ao pensarmos, por exemplo, nas propagandas televisivas, que já geraram muitas tendências na sociedade. Esses anúncios usam vários recursos de marketing para fazer com que o produto anunciado seja mais atraente e desejado pelo público.

Concomitantemente, essas estratégias existem em propagandas políticas e semelhantes, para influenciar a população a favor ou contra candidatos e projetos. Por esse motivo, esse é um dos poderes que ajuda a manter uma estrutura social funcionando – já que os indivíduos sob esse tipo de influência aceitam esse "controle" sobre eles, pois, na maior parte das vezes, nem percebem que estão sendo controlados e que algo (ou alguém) está influenciando seu pensamento.

O poder econômico, como o próprio nome descreve, é advindo da posse do capital em espécie, assim como da posse de bens materiais. No cotidiano capitalista, esse é o poder que mantém a ordem dentro das empresas – no sentido de ser a razão pela qual o proletariado sujeita-se às ordens do patrão. Quem tem dinheiro, então, é capaz de adquirir itens e manter um padrão de vida que não é muito acessível para indivíduos sem a mesma condição financeira. Como uma boa qualidade de vida é algo desejado por toda a sociedade moderna, isso representa uma forma de poder – e uma das mais importantes atualmente. O desejo pelo poder econômico é, inclusive, a maior causa dos crimes que assolam a sociedade. Na maior parte das vezes, é por dinheiro ou por bens materiais que ocorrem assaltos, assassinatos, tráfico de drogas e crimes em geral.

Já o poder político é o poder de controle de um homem sobre o outro. Na sociedade moderna, é o poder oficial e legalizado, responsável por controlar o Estado e deter o uso da força física contra quem seja preciso. Ou seja, ele refere-se à posse das ferramentas pelas quais se exerce força física (por exemplo, armas) e é conhecido por ser um poder coativo. O seu uso é legítimo, desde que seja usado para manter a ordem social sem ferir a moral ou os direitos pessoais humanos de nenhum indivíduo.

Essas três formas de poder são muito associadas e, geralmente, seus detentores pertencem aos mesmos grupos. Ou seja, os detentores de grande poder ideológico costumam ser as mesmas pessoas que detêm muito poder econômico e poder político. Com isso, chega-se à conclusão evidente de que a maior parte do poder de uma comunidade tende a estar concentrada nas elites da sociedade e é contra essa concentração de poder que as minorias estão constantemente lutando por espaço. Não têm um poder de influência para reivindicar seus direitos e desejos, nem poder econômico ou político para alcançá-los. Porém, têm o poder social.

O poder social assemelha-se um pouco ao ideológico quanto à influenciar a sociedade, contudo é mais associado a alguns indivíduos que exercem essa influência, não à mídia ou aos meios de comunicação em geral. Sendo assim, ele refere-se às personalidades que, pelo seu discurso, por sua oratória, por sua capacidade de persuadir ou qualquer motivo que seja, conseguem difundir seus posicionamentos.

Um dos maiores exemplos de poder social foi o de Adolf Hitler, o principal representante do Partido Nazista, que conseguiu persuadir milhões com sua propaganda. Hitler foi o responsável por convencer milhares de pessoas a acreditarem em ideias absurdas, como a necessidade de exterminar os judeus para a predominância da "raça ariana", considerada por ele como a raça pura.

Desde aquela época, é extremamente claro como a linha de raciocínio de Hitler era cruel, além de ter fundamentos enganosos, como a eugenia, e ser assustadoramente desumana. Então, por que o nazista conquistou, naquela época, tantos seguidores dos seus discursos? Pelo seu poder social – ou a capacidade de fazer com que as pessoas começassem a acreditar nas ideologias disseminadas.

Apesar do exemplo do uso negativo, esse poder é usado de diferentes maneiras para mobilizar a sociedade ou grupos sociais em torno de projetos comuns, sendo capaz de causar grandes mudanças em uma comunidade.

Exemplos de relações de poder

Vamos pensar agora nessas visões de poder nas relações sociais.

1. Na visão econômica de Marx, o poder é representado pela relação entre proletariado e burguesia.

2. Para Bobbio, o poder ideológico pode ser representado pela relação entre a mídia ou qualquer meio de comunicação em massa e os indivíduos; o poder econômico pode ser retratado pela relação entre empregado e patrão e a tudo a que o primeiro submete-se em troca do capital econômico ou de bens materiais; e o poder político é visto na relação entre os governantes ou qualquer integrante da sociedade que represente um controle político com o uso legítimo da força física e dos cidadãos.

3. Já para Foucault, os exemplos de relações de poder são outros, visto que, para ele, o poder é a docilização (imposição de disciplina) dos indivíduos.

Então, na teoria foucaultiana, os maiores exemplos são as relações sociais microfísicas, dentro de instituições que propõem um tipo de confinamento em geral. São formas evidentes dessas relações de poder: paciente e médico; prisioneiro e carcereiro.

Enfim, diversas são as teorias e os exemplos práticos. O importante aqui é entender que a palavra poder sempre passa uma ideia de dominância e de controle sobre alguma coisa. É por isso que os famosos gurus usam a palavra PODER nos títulos – para mercantilizar uma ideia que está na moda como a salvação da sua vida. Usam para vender uma fórmula enganosa para você dominar e controlar os seus problemas. A questão é que essa fórmula não está realmente ali. Eles dizem que lhe darão a resposta, mas os livros ou cursos só vêm com mais perguntas, você é quem deve desvendar e procurar nas entrelinhas a solução milagrosa.

Os livros de autoajuda são, assim, uma ferramenta para as pessoas sentirem – em vão – que estão minimizando e superando suas fraquezas. É por isso que os consumidores dessas enganações geralmente são pessoas que apresentam alguma área da vida (amorosa, profissional ou de qualquer outro tipo) com problemas ou completamente fracassada, e os gurus usam desses fracassos para lucrar em cima delas, enganando-as e fazendo-as acreditar que, mediante aquela compra você estará adquirindo a capacidade de resolver todos os contratempos. Afinal, eles são oportunistas, mas não são burros, sabem o quanto é lucrativo utilizar esses recursos emocionais para comercializar. Burro é quem se deixa enganar após se dar conta de tudo isso.

"Você tem o PODER. Só não utiliza se não quiser", dizem.

É simples: você procura o remédio de acordo com sua dor. Veja a quantidade de títulos (de remédios) no início deste capítulo, tome a dose desejada. Se não funcionar, seu "organismo" é que é deficiente. Então procure ajuda de outro profissional, em outro guru, pois eles precisam de sua "doença" para curar a deles: a sede de influenciar. Precisam de recursos materiais para propagar cada vez mais verdades absolutas que, na maioria das vezes, não aplicam nem em suas próprias famílias. Provavelmente, eles não acreditam que tudo pode ser resolvido só com pensamentos positivos ou com as soluções vendidas nos livros, mesmo querendo fazer com que você acredite. Portanto, se você se der ao trabalho de verificar a família de cada guru, enxergará que o remédio vendido para os outros, para eles, infelizmente não funciona.

Veja o exemplo de Karl Marx, adorado por quem não consegue produzir nada além de ideias vazias: um guru que, segundo historiadores, não conseguia sustentar a própria família, mas quis desenvolver uma teoria utópica para mudar o mundo.

2

o poder da enganação

"... sério, você acha mesmo isso?!"

Sim. Vejamos, agora, o que nos pregam nossos outros gurus que, diferentemente de Marx, adoram o capitalismo, pois se apropriam dele para vender soluções miraculosas a incautos.

O poder da... (será que você adivinha qual?)

Do início ao fim do livro a regra é: AGIR, E AGIR CERTO.

Ler o livro e não colocar em prática os ensinamentos não dá ao leitor o poder da ação, da realização, da vida plena, feliz e saudável, inclusive saudável financeiramente. Esse "inclusive saudável financeiramente" tem deixado o autor milionário.

A partir de uma autoajuda com viés popular e raso, é proposta uma atuação para super-heróis, em que tudo que você tem que fazer é seguir uma receita sem desvios, com o forno na temperatura correta e, como o autor, descobrir a pólvora. Aliás, ele não descobriu, simplesmente indica a loja em que se compra (a loja dele mesmo. Incrível, não?). E vende caro... É o ¨bolo¨ perfeito.

Isso fez com que surgissem muitos seguidores, que, querendo se aproveitar de algo vendido como mágica, pagam absurdos para ouvir mais do mesmo, em cursos que mais parecem encontros religiosos, e depois tentam replicar a venda para outros desavisados.

O que mais me impressiona é que em muitos casos – ou na maioria deles –, essas pessoas têm uma formação escolar acima da média nacional, um poder aquisitivo idem, pois, para frequentar as palestras oferecidas pelos gurus, é necessário desembolsar uma quantidade impressionante de recursos.

Uma análise dos pontos abordados, ponto a ponto, como segue, desmistifica essa abordagem rasa de autoajuda.

> O ponto principal do livro é que não adianta você só fazer planos, você precisa colocá-los em prática.[4]

Ah vá! Que descoberta maravilhosa! Tenho certeza que você não sabia isso. Foi preciso um guru lhe vender um livro ou um curso para que você descobrisse o poder de colocar em prática os seus planos. Se até hoje você não tinha percebido isso sem alguém lhe dizer, você merece pagar o preço (alto) da ignorância. Os gurus dizem: "Não importa o que você queira, não importa seu tiro de partida. Se nasceu pobre e precisou trabalhar cedo para ajudar a família, nada disso importa, desde que você me ajude a ficar rico com minha autoajuda barata" (no sentido figurado).

Isso não quer dizer que você não precisa lutar dia a dia para conseguir sobreviver neste mundo cada vez mais líquido, mas não caia nessa de que é só colocar em prática, e também não precisa gastar seu dinheiro, feito suadamente (porque ganhar é só quando você acerta na loteria ou recebe uma herança) com gurus de autoajuda baratos.

> O autor utiliza muitos exemplos, imagens, dados de pesquisas e diversas informações que deixam o livro muito dinâmico. [...] [Exemplo:] Cada um tem a vida que merece.[4]

Não sei como eu não pensei nisso antes! Ou seja, se você não tem a vida que quer é porque é um incompetente. As religiões e as seitas pregam a mesma coisa. Talvez você já tenha ouvido a expressão "Deus não joga dados". Será? O que é merecer? O que você precisa fazer para merecer? Eu sei! Compre meu livro. Faça meu curso. Eu mereço seu suado dinheirinho. Iluda-se com a facilidade que eu vou ensiná-lo a merecer. Depois você frequenta minhas palestras/cursos, ajuda-me a ficar rico, e eu ajudá-lo-ei a ficar um pouco mais aliviado. Penso que talvez mais pobre.

> Agora pense. Quantas vezes você lutou, de maneira correta, tentou e fracassou? A vida lhe trouxe até aqui, ou você trouxe a vida que se apresentou mais viável para seu padrão de comportamento, condições financeiras, etc.[4]

Se você acredita que só o livre-arbítrio (ver "Por que a gente é assim") pode levá-lo onde você quer, desculpe-me, procure uma religião e não um guru. Vai dar na mesma, nenhum dos dois vai levá-lo a lugar algum, mas na religião talvez lhe tomem menos dinheiro.

> Não adianta você só agir, mas no caminho errado. Você tem que enxergar se o caminho que você está seguindo está correto.[4]

Isso. Aqui a receita do bolo é universal! Não importa se você quer fazê-lo de chocolate, de milho, com cobertura ou cremoso, a receita é a mesma, é só seguir os conselhos e você terá um terreno no céu. Entretanto… Quando eu detecto que estou no caminho errado, se minha vida é diferente, única, incomparável com qualquer outra na face da Terra? Você acha que existe uma receita universal pregada pelos gurus e religiosos? E que a humanidade é, em geral, tão burra que não consegue seguir essa receita? Quantas perguntas – mas eu preciso fazer – para convencê-lo de que seu caminho é único? Quanto você precisa desembolsar para ir para o céu pregado por esses falsos profetas? Faça as perguntas a você mesmo, proponho-lhe, e se você continuar convencido de que precisa seguir essas pegadas (ou seria pegadinhas), você merece ver seu rico dinheirinho, feito com suor, enriquecer ou proporcionar a vida que você queria aos gurus e religiosos.

> Tudo que acontece na sua vida são resultados. Se o resultado é ruim, isso não se torna um fracasso, somente um resultado negativo.[4]

Oba! Que conclusão supimpa, mais autoajuda impossível! É claro como a luz do sol, em dia não nublado, que tudo gera resultados; qualquer atitude, mesmo levantar e andar, causa algum tipo de resultado, mesmo se você não sabe para onde está indo e precisa de um guru (bom, é melhor usar o Google Maps, mas como ele é gratuito e nada gratuito parece ter muito valor, melhor pagar o guru).

Em todo experimento, seja na ciência, seja na vida, os resultados variam de acordo com as diferentes condições colocadas à sua disposição e o uso que você faz de cada uma delas. Por isso, em ciência, você repete incansavelmente os experimentos sobre diferentes condições até ter certeza de que não foi o acaso que trouxe o resultado inicial.

Bem… A vida tem acasos que ninguém explica. Por exemplo: olhando seu passado, quanto, até aqui, de tudo que alcançou ou deixou de alcançar, foi planejado? Quanto se deu ao acaso?

> Foque nas coisas que lhe trarão resultados e veja as coisas acontecerem magicamente.[4]

E aja mágica! Só assim você poderá ter o tudo que quer. Aqui realmente estamos diante de uma verdade que não precisaria ser explicitada: compre uma varinha mágica, aprenda como usá-la e arrume um trabalho de mágico. Será mais rentável do que tentar fazer a mágica de transformar sua vida magicamente.

Mágica é a arte (por falta de uma palavra melhor) que, supostamente, produz fenômenos extraordinários por meio de práticas ocultas que contrariam as leis naturais. O "uso de mágica" é geralmente realizado em rituais, por intermédio de fórmulas, em fenômenos de feitiçaria ou por magos. Será isso mesmo que o guru quis dizer ou simplesmente a palavra mágica é bonita e cria uma ilusão de que tudo será fácil? Se for neste último sentido, melhor entrar em um curso de ilusionismo; aí, sim, você pode ganhar algum dinheiro.

Observando o tamanho do mercado de livros de autoajuda (em 2022, esse mercado foi responsável por mais ou menos um quarto do faturamento das vendas de livros no Brasil),[6] até parece que a humanidade adora ser enganada. Continuemos.

> O que você fala é o que você é. Se você fala que é pobre, você tem espírito pobre. Se diz que não consegue fazer algo, a mesma coisa. [...] Sua vida é igual à média das palavras por você proferidas.[4]

É demais, não?

Vamos para outra linha de raciocínio. Imagine que você bebe apenas uma taça de vinho todas as noites. Esse hábito não é prejudicial à saúde, muitos médicos o recomendam, já que o vinho contém uma substância chamada resveratrol, encontrado na casca da uva vermelha e com ação vasodilatadora, e contribui com o aumento do HDL, o colesterol bom, e diminui o LDL, o colesterol ruim. Além disso o álcool, em quantidades moderadas, ajuda a evitar danos às artérias e inibe a formação de coágulos. Não obstante, se você não bebe nada durante o ano e no dia 31 de dezembro toma 365 taças, terá problemas sérios se sobreviver, embora a média do ano seja a mesma. Portanto se a sua vida é uma média das palavras proferidas, você pode morrer se levar isso a sério.

---

[6] NIELSEN Bookscan. *Resultados 2022 x 2021*. 2022. Disponível em: https://snel.org.br/wp-content/uploads/2022/03/SNEL_02_2022_-_02T_2022.pdf. Acesso em: 20 jun. 2023.

E mais um exemplo: imagine ficar o ano todo sem dizer nada, fazer nada, e no último mês dizer tudo que quer e quis, e fazer tudo que deveria ter posto em prática durante esse período. Médias, quando usadas no sentido abstrato, como dito pelo guru, significam que...

Bem... Não *significam nada*. Quer um exemplo? Levante todos os dias e diga que vai ficar rico. Trabalhe, foque, estude e você vai atingir seu objetivo. Tão simples que se fosse verdade mais da metade da humanidade teria conseguido, mas somente os gurus ficam ricos, pois sempre vai existir quem acredite em milagres. Nas palavras do escritor russo Fyodor Dostoevsky (1821-1881),

> [...] o homem não busca a Deus tanto quanto aos milagres.[7]

Em toda a nossa vida, o imponderável tem um peso desproporcional àquilo que desejamos. Geralmente, o tiro de partida é de onde você veio, qual a condição financeira de sua família, qual escola frequentou, que oportunidades de aprendizado e trabalho teve. Esses são os fatores com boa influência em sua caminhada. Mas, muitas vezes, é o imponderável que prevalece. Veja bem e analise sua vida: 90% das suas preocupações nunca acontecerão e 90% do que lhe aconteceu você nunca imaginou.

É claro que existem exceções, mas elas são pouquíssimas, e são usadas pelos pseudogurus como verdades absolutas que qualquer um pode alcançar.

> Auto responsabilize-se: Se algo não deu certo, você precisa avaliar tudo que fez e encontrar o erro. [...] Após encontrar o erro, você precisa entender o porquê aquilo estava errado e fazer da forma correta sem ficar se culpando, mas responsabilizando-se (sic).[4]

Isso! Encontre o erro, assuma, pague, e daqui para frente você terá sucesso. Não importa quanto custou, como você está emocionalmente, quem você magoou ou deixou para trás, não se sinta culpado, só se responsabilize. Atropelou alguém tentando chegar a um resultado? Deu prejuízo para tantos outros? Fez tudo sempre procurando acertar? Acertou em cheio no bolso ou no coração de outros? Não importa, para o guru você é normal ou...

---

[7] DOSTOEVSKY, Fyodor. *The brothers Karamazov*. 12. ed. Nova Iorque: Farrar, Straus and Giroux, 2002 [1880]. 824p.

Para os psicopatas, esse conselho é supimpa, pois normalmente eles não se responsabilizam por nada. A psicopatia é um transtorno mental, um padrão comportamental e/ou traço de personalidade caracterizada em parte por um comportamento antissocial, diminuição da capacidade de empatia por outro e remorso, além de baixo controle comportamental pela presença de uma atitude de dominância desmedida.

Pronto! Você tem a desculpa ideal para inserir-se novamente na sociedade, afinal, você não é ruim, é apenas um doente. Que legal! Não sei como agirão as pessoas que convivem com você. Talvez comecem a dormir com a porta do quarto fechada, pois não sabem do que você é capaz.

Porém isso não importa, você está livre para começar de novo.

> Foco no foco.
>
> Existem diversos tipos de focos.
>
> O foco visionário, o comportamental e o consistente.
>
> É uma forma de entender qual tipo de foco você possui e aplica no seu dia a dia.
>
> Além de dicas, o livro mostra a importância de você sempre se atualizar, buscar informações sobre o seu mercado para que você tenha vantagem competitiva, mas para isso você precisa de foco.[4]

Interessante. Manter o foco é importante, manter-se atualizado é importante, buscar informações sobre o seu mercado é importante. Que dicas "importantes". Você precisa mesmo gastar seu dinheiro suado com esse tipo de dicas? Se a resposta for sim, você está no caminho correto, precisa realmente de um guru e ele merece seu dinheiro. Siga em frente com seu foco em ser menos inteligente do que a média, e não se acanhe em precisar fazer um curso para entender isso. Contudo não tente vender essa ideia para seus amigos, eles podem não entender essa conversão à ignorância e você pode perdê-los.

> **Palavras tem [sic] poder**, palavras tem [sic] poder, palavras tem [sic] poder.[8]

---

[8] LIVROS de Marketing. **Resumo e Review do Livro – O Poder da Ação de Paulo Vieira**. 2016. Disponível em: https://www.livrosdemarketing.com.br/administracao/livro-o-poder-da-acao-paulo-vieira/. Acesso em: 4 maio 2023.

Claro.

Poder de destruir.

Poder de construir.

Poder de confundir.

Poder de enganar.

Você pode dizer a si mesmo, inclusive, que daqui para frente será um ser de palavra, que não vai mais iludir-se com a palavra alheia, principalmente de gurus baratos, que não tentará mais convencer seus amigos que a autoajuda transformou sua vida.

Porém, se ela, sua vida, foi transformada por uma infinidade de outros motivos e você relacionou toda a sua evolução apenas às palavras de poder, você é o mais novo discípulo que venderá a ilusão de seu guru para outros com propaganda gratuita. Ele agradecerá, mas nem por isso vai lhe oferecer um *free upgrade*. Se quiser continuar "aprendendo" algo novo nesse paraíso, terá que fazer-outro-curso/comprar-outro-livro mais avançado.

> Conforme explicado no livro, tudo está conectado. O que você pensa, o que você fala, o que acontece, tudo está conectado.[4]

Portanto sonhe em casar-se com a Gisele Bündchen, em comprar aquela Ferrari (se é isso que você deseja), em morar em Ibiza, em ter seu próprio jato (e dinheiro suficiente para mantê-lo), assim como o guru dando esses conselhos para você. Você pode não conseguir, sair frustrado, mas faz parte. Ou não. É só seguir o restante das orientações.

Você não tem firmeza? Você comprou o livro ou frequentou o curso para quê? Vai desistir agora? Você tem que continuar a propagar que o livro/curso mudou sua vida, afinal, o guru depende de você. Como ele vai continuar vendendo as ilusões se você ficar decepcionado?

> Questione-se.
>
> Por que você deve acordar às 5h da manhã todos os dias?
>
> Por que você precisa casar com essa mulher?
>
> Por que você não pode fazer isso ou aquilo?
>
> Deixar de fazer algumas perguntas faz com que nos limitamos.

Fazer perguntas pode nos levar a um próximo nível de realização, prosperidade e sucesso.

Mas não basta apenas se questionar, você precisa fazer as perguntas certas.[4]

Primeiro: porque se não acordar às 5h perco o ônibus ou o metrô e eu chego atrasado no serviço, correndo o risco de ser demitido.

Segundo: se não casar com ela não arrumo outra. Ou não? Ou talvez? Quem sabe?

Terceiro: fazer isso ou aquilo fica muito difícil. O que é isso? O que é aquilo?

Faça perguntas a si mesmo, não interessa se não sabe responder. Já dizia um velho filósofo: as perguntas são mais importantes do que as respostas. Mas observe:

Você precisa fazer as perguntas certas.[4]

Aí começa o seu problema. Todos querem fazer as perguntas certas na hora certa, então você terá um milhão de competidores e, normalmente, a pergunta certa vale milhões. A do guru é fácil de entender: vocês querem ser enganados? Vou vender a minha pergunta para vocês. Por que não compram meu livro e enriquecem? Se não der certo para você, pelo menos vai dar para mim. Como você sabe que a sua pergunta é a certa na hora certa? Só você está atrás desse Santo Graal? Se encontrar dívida comigo, contudo, continue tentando, afinal, não chegamos ao final da maratona. Se você aguentou até aqui, tome um fôlego e vamos em frente. Preciso de você! Não se esqueça de que seu sucesso é o meu melhor exemplo para continuar minha saga financeira, afinal, a autoajuda é uma corrente, não a quebre, por favor.

Creia

1) Quando algo dá errado conosco, a primeira coisa que fazemos é colocar a culpa em alguém.

2) Você nasceu em uma família pobre, você não teve oportunidade para estudar, você teve um filho muito cedo, entre outros.

3) Mas acredito que você conhece ou já viu alguma pessoa que nasceu em um ambiente totalmente pobre e se tornou rico, por exemplo.[4]

Frase a frase?

1. Sim, se você é um canalha, opta pela primeira opção: coloca a culpa em alguém. Ali está, afirmativamente, porém não acredito que isso aplique-se à maioria das pessoas, pelo menos não nas que conheço. Mas não vivo no meio que o guru vive. Então não sei.

2. Sim, você pode ter nascido em uma família pobre, você teve um filho muito cedo, entre outros; continuando... Você nasceu no interior da África, cresceu sem estudo, trabalhou desde cedo para ajudar no sustento dos irmãos. Ou seja, seu tiro de partida foi uma espoleta.

E vamos à terceira frase...

3. Existe, sim, uma pessoa em cada 100 milhões que consegue aquilo que procuram ou aquilo que surge como oportunidade. Contudo e infelizmente, não será lendo um livro de autoajuda que você se tornará um Barack Obama[9] (1961-). É infantil crer que isso é possível. Só mesmo na cabeça de enganadores que se propõe a receitar fórmulas de crescimento igualitárias com o único de propósito de ficarem, eles sim, milionários.

Se você também não quer ser ludibriado, enganado e, mais do que isso, feito de bobo, não acredite em gurus. Não existem receitas nem livre-arbítrio. Se existissem, todos os bolos seriam lindos e Deus não jogaria dados com Seus ditos filhos.

Por que a gente é assim? Uma reflexão sobre o livre-arbítrio

Você nasce, aleatoriamente, em algum local, cidade, país, em uma família que você não escolheu, na cor, no sexo, na altura e na figura predefinidos geneticamente. Então, dependendo das condições econômicas, intelectuais e ocasionais, você torna-se advogado, político, engenheiro, médico etc. Você acha que tem algum domínio sobre sua existência? Segundo o filósofo alemão Friedrich Nietzsche (1844-1900),

---
[9] 44° presidente dos Estados Unidos da América.

> [...] o homem procura um princípio em nome do qual possa desprezar o homem. Inventa outro mundo para poder caluniar e sujar este; de fato só capta o nada e faz desse nada um Deus, uma verdade, chamados a julgar e condenar esta existência.[10]

Ou seja, estamos sempre (re)inventando o homem, o mundo, o caráter, Deus, tudo e qualquer coisa para furtarmo-nos de tomarmos a rédea do nosso destino. A culpa, que é o sofrimento obtido após reavaliação de um comportamento passado tido como reprovável por si mesmo, ou a imaginação de uma atitude que não cometemos, mas nos envergonhamos de tê-la pensado, faz com que transformemos em fatalismo todas as nossas atitudes.

Se não sou responsável pelos meus atos, se tudo é criado pela imaginação ou acaso, por que sentir culpa? A resposta talvez seja: se eu tornar-me responsável por todos os meus atos, não preciso de um Deus misericordioso para me julgar, posso fazê-lo eu mesmo. Quer julgamento mais severo do que ter consciência de que poderia ter feito mais e não fez, de ter feito melhor e deixou inacabado, de poder esperar pelo julgamento divino futuro e ter que assumir agora?

Portanto, ao nos perguntarmos por que somos assim, voltamos a Nietzsche:

> Grande, no homem, é ser ele uma ponte e não um objetivo: o que pode ser amado, no homem, é ser ele uma passagem e um declínio.[11]

E, antes que eu me esqueça, todos as citações deste capítulo marcadas com a referência número [4] são do livro ou de comentários a respeito dele, *O poder da ação*, de Paulo Vieira.[12]

---

[10] Friedrich Nietzsche (1844/1900). NIETZSCHE, Friedrich. *Fragmentos finais*. Brasília: UnB; São Paulo: Imprensa Oficial do Estado, 2002.
[11] NIETZSCHE, Friedrich. *Assim falou Zaratustra*. Tradução de Paulo César de Souza. 13. ed. São Paulo: Companhia das Letras, 2011.
[12] VIEIRA, Paulo. *O poder da ação*. São Paulo: Gente, 2015.

3

o poder do subconsciente

durma e acorde quando quiser
(não sei como, mas é só o começo)

> [...] 2. O grande segredo possuído pelos grandes homens de todas as épocas era sua capacidade de contatar e liberar os poderes de sua mente subconsciente. Você pode fazer o mesmo. 3. Seu subconsciente tem a resposta para todos os problemas. Se você sugerir ao seu subconsciente antes de dormir: 'Quero levantar às 6 da manhã', ele o despertará naquele exato momento. [...][13]

Já deu para entender um pouco o que o autor desse trecho, o americano Joseph Murphy (1898-1981), quis transmitir no próximo livro aqui analisado, *The power of your subconscious mind* ou *O poder do subconsciente*, na tradução para o português, removendo a palavra mente do título em inglês como se fossem coisas redundantes e não complementares

Enfim, o livro afirma que qualquer um é capaz, pelo poder do seu subconsciente, de mudar completamente a sua história (ou decidir o horário que acorda sem fazer uso de despertadores). É mais um uso da famosa fórmula mágica para tudo e para todos mais uma vez enriquecendo o autor e tornando sua vida (dele, no caso, que faz dinheiro com o livro) muito mais fácil do que a sua, leitor.

Vamos aos detalhes da obra que promete sucesso e felicidade fáceis.

> [...] sua mente subconsciente aceitará qualquer sugestão, por mais falsa que seja.[14]

---

[13] MURPHY, Joseph. *The power of your subconscious mind*: unlock the secrets within. Nova Iorque: Penguin Group, 2010.
[14] *Ibidem*.

Se isso fosse verdade, você não teria, como exemplo máximo, amores impossíveis, pois qualquer sugestão de que você não deveria importar-se com aquela pessoa faria o cérebro frear qualquer impulso, independentemente se ela te "deixou de joelhos" quando você a viu. Assim, se você está cheio de impulsos, é só você dizer para seu cérebro aceitar outras sugestões que as suas ânsias acabam, como se você pudesse escolher sentimentos de maneira tão simples. Nem livre-arbítrio você tem para isso.

Esse tipo de sugestão ou autoafirmação, como quiser, supõe que você é um computador que pode ser reprogramado a seu bel-prazer e quando você sugerir, ou seja, seu cérebro não é o que é. Voltamos à polêmica entre fisicalistas e mentalistas, e, pelo jeito, ele também acredita que o físico sobrepõe-se ao mental. Nisso concordamos, como veremos oportunamente.

> Você precisa de pensamentos que dão vida à sua mente subconsciente e eliminará todos os padrões negativos alojados nela. Conforme você continuar a fazer isso, todo o passado será eliminado e não será mais lembrado.[15]

Acreditar que você alimenta seu subconsciente como dá comida ao seu cachorro é acreditar que o Papai Noel existe. Se assim fosse não existiria saudade, tristeza, depressão, paranoia e tantos outros sentimentos e patologias psicológicas. Pega-se uma frase de efeito, chamativa, apelativa, bonita do ponto de vista de impacto, e ela torna-se um mantra. O desafio é sempre o mesmo: o problema não é você, é seu cérebro, como se não fossem partes interdependentes. O que domina você, seu cérebro ou sua mente? Você é fisicalista ou mentalista?

Logo à frente vamos esmiuçar essa diferença discutida desde a época de Sócrates e Demóstenes. Aqui, é importante informar que os comentários desse autor a seguir foram realizados com base no compêndio de resumos *O poder de 50 livros de negócios*, de João Cristofolini e Gustavo Carriconde, que dedicam um dos capítulos da publicação ao título de interesse neste capítulo (o poder do subconsciente).

Sei que recorro aqui à fonte secundária, porém, como não acredito em gurus nem em receitas de autoajuda, encontrei um caminho mais fácil de dissecar o assunto: resumos.[16] Além disso, é interessante

---

[15] *Ibidem*.
[16] Li, ainda, a tradução do livro original, *The power of your subconscious mind*, para a problematização neste livro.

enxergar a maneira como as pessoas replicam e ecoam tais falácias de sucesso no mundo inteiro.

> Conecte seus 3 mundos: espiritual, mental e físico.[17]

Bem, começando pelo mundo espiritual, se você é ateu como eu, pronto, não tem como usar a receita, pois possivelmente considera não ter lado espiritual *per se*. Até existem ateus que afirmam ter algum tipo de espiritualidade dentro de suas próprias definições, sem alterar sua descrença principal, contudo, ainda assim, com a demanda da conexão dos mundos, muitos ateus já foram excluídos da fórmula vendida.

Parece que fora da metodologia científica, se os seres humanos não conseguem explicar e replicar algo, apelam para a espiritualidade, seja ela qual for, e que faça sentido para o indivíduo naquele momento, sem excluir nenhuma possibilidade ou forma possível de seita ou pseudorreligião que você possa professar.

Se quero impressionar alguém com alguma receita mágica é só usar a palavra espiritualidade. A humanidade está sempre à procura do transcendental para justificar suas incoerências e a incompreensão de nossa insignificância perante o universo. Não nos conformamos em ser "poeira" cosmológica, não aceitamos nossa finitude, e aí fica fácil para os gurus proporem-nos a espiritualidade. Não caia nessa, seja responsável pelos seus atos sem esperar recompensa divina ou futura. Só assim, talvez, um dia, você possa dizer, sem fórmulas mágicas:

> Vim, vi e venci.[18]

Sobre o mundo mental, o guru alterna, ignora ou, ainda, confunde, quando usa a expressão mental ao invés de cérebro, como havia proposto em diversas ocasiões anteriores. Para dirimir essa dicotomia, vamos à explicação plausível entre ambos e suas consequências remontando a Sócrates, Platão e Demóstenes, os dois primeiros, mentalistas, o último, fisicalista.

Nessa virada de mesa, se você for fisicalista e não mentalista está fora, porque o fisicalista não acredita que as sinapses, as reações químicas (e não espirituais ou comandadas pela mente) tenham o poder

---

[17] CRISTOFOLINI, João; CARRICONDE, Gustavo. Joseph Murphy. O poder do subconsciente. *In*: CRISTOFOLINI, João; CARRICONDE, Gustavo. Joseph Murphy. *Resumo cast*: o poder de 50 livros de negócios. São Paulo: ResumoCast, 2017. p. 21.

[18] A expressão *Veni, vidi, vici* é atribuída ao imperador romano Julius Caesar (100 a.C.-44 a.C.).

sobre o cérebro. Fisicalistas são pessoas que acreditam que o cérebro, a massa corpórea existente dentro de sua cabeça, é que domina todas as suas decisões; mentalistas acreditam que a mente domina o cérebro, que o cérebro seria um mero condutor de vontades expressas por um determinado pensamento ou vontade. Sócrates e seu discípulo Platão, que, inclusive, para defender o mestre, deu cabo a toda a produção filosófica de Demóstenes, eram mentalistas. Demóstenes, que sobreviveu a essa tragédia efetuada por Platão, pois tinha seguidores que acreditavam em suas descobertas e as propagaram, era fisicalista.

Mundo físico

O mundo é, por genética, preguiçoso. Para economizar energia buscamos o conforto da ociosidade física. Nossos ancestrais, com a dificuldade em encontrar e caçar comida facilmente para sua sobrevivência, deixou-nos a "preguiça" da agricultura como herança. Bendita herança, hoje, grande parte da humanidade superou a fome e morre de obesidade: só nos Estados Unidos, 1,5 milhão de pessoas morrem por ano de obesidade, tanto pelo excesso de alimento como pela falta da capacidade de movimentar-se e queimar o excesso de calorias.

> Não fique dependente de nada que está fora de você.[19]

Vamos radicalizar. Eu sei que não é esse o sentido descrito, mas vamos lá, um pouco de humor também faz bem e polemizar é ótimo. Ficar no morno entristece-me.

Ande a pé, não dependa de nenhum veículo. Avião nem pensar. Atravesse o oceano a nado. Tire suas roupas, ela está fora de você. Não procure médicos quando estiver doente, eles estão fora de você. Não aceite os ensinamentos de seus professores, sua sabedoria basta, eles estão longe de você. Não se case, ela não é você.

Mais uma:

> Reprograme suas crenças e mude seu futuro.[20]

Voltamos ao seu software (sua mente funcionando dentro do cérebro, seu hardware).

---

[19] CRISTOFOLINI; CARRICONDE, 2017, p. 21.
[20] *Ibidem.*

Primeiro, verifique se ele tem programação em código livre ou se pertence a alguma organização que você tenha que pagar anualmente a atualização. Pergunte-se: sei programar ou preciso de alguém especialista na área? Se sabe programar, talvez consiga mudar algumas diretrizes em seu sistema e melhorar em algum aspecto, mas cuidado, às vezes o defeito em seu software é o melhor que existe em você. Modifique-o e você pode descaracterizar-se a ponto de os outros não o reconhecerem, e, se isso acontece, provavelmente você será internado em uma clínica psiquiátrica ou virar guru.

Se não sabe programar vai precisar de ajuda, e aí entram os psicólogos, os psicanalistas, os psiquiatras, os coachings. Opa! Coaching NÃO. Hoje isso virou moda. Com um curso de final de semana as pessoas transformam-se em coaching. Seja lá o que isso signifique, eles também tornaram-se gurus pela necessidade de sobrevivência. Lembre-se: qualquer tipo de profissional é um coaching em potencial. Alguns "tipos" são:

Coaching de vida.

Coaching de relacionamento.

Coaching de carreira.

Coaching de negócios.

Coaching financeiro.

Coaching de vendas.

Coaching executivo.

Coaching de liderança (*leadership coaching* – em inglês fica mais vendável).

Coaching de performance.

Coaching de equipes.

Personal coaching.

Life coaching (você já viu isso antes, mas em inglês fica chique).

Coaching de qualidade de vida

Coaching educacional.

Coaching familiar.

Coaching espiritual.

Coaching esportivo.

Como você pode verificar, existem mais nomenclaturas para coaching do que pseudoigrejas e religiões atualmente. Como as seitas, as igrejas e as religiões, o conceito de coaching foi adaptando-se ao seu consumidor. Isso mesmo, tanto nas crenças como nesse sistema você é tratado como consumidor: o que você almeja eu adapto para vender e satisfazê-lo.

A temática do coaching será tratada oportunamente, visto que o fenômeno eclodiu e explodiu nas primeiras décadas do terceiro milênio e merece ser dissecado com atenção.

4

quem pensa enriquece

pensa?

> Palavra do editor:
>
> **Um dos livros mais poderosos do mundo encontra-se em suas mãos.**
>
> Fornece-lhe um plano testado que torna os homens ricos.
>
> Ensina-lhe exatamente como usá-lo e inicia-se agora mesmo.[21]

E que poder! Já vendeu mais de 100 milhões de livros no mundo todo. A obra em questão foi lançada originalmente em 1937 sob o título de *Think and grow rich*. Para o autor, Napolean Hill, e centenas de editores e tradutores que já manipularam e republicaram esse livro, esse poder realmente existe: o poder de faturar em cima de uma crença com mentiras descaradas, fórmulas mágicas testadas por homens agora ricos, com a receita para você utilizar e iniciar a sua jornada rumo à riqueza agora mesmo.

> **Pensa e enriqueça** revela o segredo e fornece o plano.[22]

Deixou de ser segredo, pois foi revelado, e só não enriquece quem não quer. Você é pobre por opção.

> Aqui está finalmente o meio seguro de vencer **todos** os obstáculos, realizar **qualquer** ambição, atrair sucesso como se viesse de um rio eternamente fluente. Este livro irá sacudi-lo, com seu poder de transformar a vida. Logo saberá **por que** certas pessoas adquirem pilhas de dinheiro e felicidade – pois você será uma delas.[23]

---

[21] HILL, Napolean. Quem p*ensa enriquece* (com guia de estudos*)*. 2. ed. Curitiba: Fundamento, 2022. p. 2.
[22] *Ibidem.* p. 2.
[23] *Ibidem.* p. 2.

Para os que vendem o livro e a ideia, o plano funcionou. Principalmente se for para enriquecê-los. Ficou rico com a falácia de que todos podem facilmente alcançar a fortuna, tanto financeira quanto pessoal, basta boa vontade e seguir a receita. Os gurus sempre têm a receita e os editores têm que acreditar nela. Se não acreditam, como vão vender o milagre?

Eles _frisam_ que por meio seguro você vencerá todos os obstáculos e realizará qualquer ambição. Que pretensão! Essa fórmula irá sacudi-lo! Coloque o cinto de segurança, é obrigatório. Você também saberá por que certas pessoas adquirem pilhas de dinheiro. Estas, acredito eu, relacionam-se a ganhar na loteria, a tornar-se político ou traficante, pois só assim para ganhar muito dinheiro rapidamente. Ou, talvez, você tenha algum parente rico que gostava de você e lhe deixou uma fortuna como herança. Porém, se você é pobre, exclua a última opção, pois famílias com alguém rico geralmente não têm parentes pobres ou, se tem, excluem-nos de sua vida, afinal, parente pobre vive pedindo alguma coisa para o parente abonado, e isso torna-o inoportuno. Mas não desanime, pois, segundo o editor, você será uma delas.

PREFÁCIO

EM TODOS OS CAPÍTULOS deste livro menciono o segredo de ganhar dinheiro, que trouxe fortunas a centenas de homens muito ricos – homens que analisei com cuidado durante longos anos.[24]

Veja bem, ele analisou homens ricos, portanto você está excluído na análise. Se analisasse você, o livro não seria escrito, pois você é pobre. E, claro, se a análise é de homens ricos, eles fizeram algo para ter essa riqueza. Só você, que é incompetente, não fez jus a essa fortuna.

Para cada homem rico existem milhões de pobres, e para o autor esses milhões não almejam a riqueza, são pobres por opção. Para que ser rico e não passar necessidade? A vida sofrida faz com que você mereça o Céu na outra dimensão. É isso que pregam as seitas, as religiões e os gurus, então sofra neste plano para ter a felicidade eterna no outro.

O autor quer destruir sua bonança eterna oferecendo-a aqui, neste mundo. Se fosse o demônio que estivesse lhe oferecendo você aceitaria? Parece que, pelo visto, isso não faz muita diferença para o

---
[24] _Ibidem_. p. 2.

autor, afinal, ele tem uma receita infalível. A análise que ele efetuou foi por *longos anos*. Quantos anos ele não pode esclarecer, pois o trabalho foi árduo e isso não lhe interessa, nem quem foram as pessoas analisadas, para não expor suas cobaias, já que isso poderia causar inveja e pôr em risco a vida dessas pessoas.

O autor diz que a fórmula do sucesso foi-lhe revelada por Andrew Carnegie. (1835-1919), um dos industriais mais ricos de sua época, com uma fortuna de mais de um trilhão de dólares em moeda corrigida, e que em determinada época ditou o preço do aço nos Estados Unidos da América. Veja bem, tornou-se tão poderoso em sua época que "ditou" o preço do aço, e essa foi a inspiração-mor do autor. Hoje, isso daria prisão, e é abominável do ponto de vista ético. Para o autor isso não tem importância, pois ele continua:

> Quando percebeu que eu captara a idéia [sic], indagou se eu queria passar vinte anos ou mais preparando-me para apresentá-la ao mundo, aos homens e mulheres que, sem o segredo, passariam a vida inteira fracassados. Disse-lhe que o faria e, com a cooperação dele, mantive a promessa.[25]

Dualidade, ou não entendi a ideia. Se o segredo já existia, por que passar vinte anos preparando o autor? Se o segredo era tão poderoso que transformaria a vida de homens e mulheres, que sem ele passariam a vida inteira fracassados nesses vinte anos, é como se você descobrisse uma vacina, mas só a revelasse depois desse tempo. Nesse interim as pessoas, por ignorância do método proposto, continuaram pobres. Se fosse uma vacina, morreriam, mas você estava preparando-se para salvar a humanidade. É de uma incoerência absurda. Para acreditar nessa aberração você tem que ser extremamente crente em milagres ou não ter entrado na fila de distribuição de cérebros quando nasceu. Como já disse anteriormente, cérebro deveria ser obrigatório.

> Este livro contém o segredo, segredo testado na prática por milhares de pessoas, em quase todos os setores da vida. A ideia de Mr. Carnegie era de que a formula mágica, que lhe dera estupenda fortuna, deveria ser colocada ao alcance das pessoas que não dispõem de tempo necessário para averiguar como se ganha dinheiro.[26]

---
[25] *Ibidem*. p. 2.
[26] *Ibidem*. p. 2.

Como resistir? Com esse segredo você não precisa fazer nada, não precisa ter tempo para averiguar como se ganha dinheiro.

Aqui um comentário: ganhar dinheiro. Em 99,99% do tempo as pessoas não ganham dinheiro, elas produzem dinheiro. De que forma? Trabalhando, desenvolvendo algum negócio, estudando, porque ganhar dinheiro é receber uma herança ou acertar na loteria. Se não for dessas maneiras, você nunca ganha dinheiro e, sim, fabrica dinheiro com seu suor e estudo, não conheço outra fórmula. E, segundo o autor, a fórmula é mágica.

Oba! O que é mágica? Mágica é a arte performativa que tem como objetivo entreter o público dando a ilusão de que algo impossível ou sobrenatural ocorreu; os praticantes dessa atividade chamam-se de ilusionistas ou mágicos. Acredito que o autor usou a palavra mágica porque sabe que só assim você encontrará a sua fortuna, só por mágica.

Começamos a nos entender. Se for por mágica, que significa ilusão, e se você comprou o livro ou fez algum "curso" baseado nisso, você já foi iludido, mas não por falta de aviso, já que o próprio autor avisou que a fortuna é uma ilusão. Você acreditou porque quis, não adianta agora dizer que foi enganado.

> Esperava que eu pudesse testar e demonstrar a integridade da fórmula, através da experiência de homens e mulheres, nas várias profissões. Acreditava que se deveria ensinar a fórmula nas escolas e faculdades públicas, expressando a opinião que, se fosse transmitida de maneira certa, revolucionaria a tal ponto todo o sistema educativo, que o tempo despendido na escola poderia ser reduzido a menos da metade.[27]

Ele sabia a fórmula mágica, mas queria que o autor testasse para demonstrar a sua integridade. Sabia ou não sabia? Dúvida cruel. Uma hora essa é uma afirmativa, em outra uma dúvida que tem que ser testada e aprovada. A fórmula era tão revolucionária que seria capaz der reduzir pela metade o tempo dispendido no sistema educativo, e os governos e educadores no mundo todo querendo dar ensino em período integral para as crianças. São todos burros ou têm dinheiro sobrando para desperdiçar dessa forma.

---

[27] *Ibidem.* p. 2-3.

O autor e o guru inspirador propuseram uma revolução com uma fórmula mágica que faria uma economia absurda e não aproveitamos a ideia, mas você acreditou e comprou o livro. Como você é esperto! A humanidade é que é burra. Vamos ver a fórmula do autor, ou magia, sei lá, você decide, afinal, ainda não saímos do Prefácio.

> Histórias Verídicas Provam o Poder Assombroso do Segredo
>
> No capítulo que trata da Fé, você lerá a surpreendente história da organização da gigantesca – United States Steel Corporation‖ (Corporação Americana do Aço), como foi concebida e realizada por um dos jovens através dos quais Mr. Carnegie provou que sua fórmula agiria para os que se acham prontos para ela. Uma única aplicação do segredo, feita por Charles M. Schwab, deu-lhe enorme fortuna, tanto em dinheiro como em oportunidades. Essa determinada aplicação da fórmula valia, aproximadamente, seiscentos milhões de dólares.[28]

Como já foi citado, essa empresa tornou-se um monopólio tão gigantesco que determinou o valor do aço durante um grande período. Agora, dizer que a fórmula valia seiscentos milhões de dólares é um chamariz para dizer a você que o montante que você pode amealhar com esse segredo é infinitamente superior a tudo o que você imaginou. Para isso você tem que ajudar o editor e o guru a enriquecer.

Eles utilizaram a fórmula correta, sua cobiça. Quando alguém lhe diz que com uma simples leitura você pode ficar milionário e você acredita, a fórmula funcionou, não para você, mas para quem está vendendo a dita cuja.

Você deve ter visto inúmeros anúncios prometendo que se você comprar determinada fórmula você acerta um determinado número na loteria. É a mesma coisa. Se tenho a fórmula para ganhar na loteria, por que iria vendê-la? Ganho o máximo que puder e, como altruísta, distribuo por meio de uma ONG. Está na moda ser benemerente com uma ONG. O pecado dessa benevolência chama-se orgulho.

> O segredo a que me refiro foi mencionado nada menos que uma centena de vezes no decorrer deste livro. Não foi diretamente apontado, pois parece agir com mais

---

[28] *Ibidem*. p. 3.

> êxito quando apenas mencionado e deixado à vista, onde **os que estão prontos** para ele **e o estão procurando**, possam dele se apossar. Por isso é que Mr. Carnegie o jogou para mim tão tranquilamente [sic], sem nomear lhe [sic] especificamente.[29]

Começa a enrolação. Para que você tenha acesso ao segredo, que não foi diretamente apontado (achou que seria fácil?), você tem que estar pronto e estar procurando-o.

> [...] pois parece agir com mais êxito quando apenas mencionado [...].[30]

Você tem que acreditar em algo sobrenatural, esotérico ou coisa parecida. E mais, você tem que merecer.

Existe uma seita, ou algo parecido, que se chama Pró-Vida, que também prega a mesma teoria, sem dizer qual é teoria, deixando seus seguidores sempre à mercê de seus superiores, pois não existe uma regra explícita de como atingir tal conhecimento. Aqui você verifica que o mesmo aplica-se a uma descarada pretensão a algo que só alguns eleitos conseguem obter.

Como na vida, só alguns merecem o Céu. Os citados no livro chegaram lá, só eles, e no final você vê que não é um eleito, infelizmente. Também fico triste por você e por mim; eu também não mereço descobrir como atingir essa bonança facilmente. Porém ninguém lhe prometeu que seria facilmente. Isso você não pode exigir do autor. O engano a que ele lhe leva é outro. Na religião também é assim, só os eleitos atingem a nirvana.

> O segredo fala aos que ouvem
>
> Se você estiver pronto para pô-lo em uso, reconhecerá o segredo pelo menos uma vez em cada capítulo. Gostaria de ter o privilégio de dizer-lhe como o saberá quando estiver pronto a recebê-lo, mas isso o privaria de muitos dos benefícios que receberá ao fazer a descoberta a seu modo.[31]

Prepare-se. Como disse na citação, você tem que estar pronto. O benefício só lhe será revelado se você tiver ouvido para ele. Quanta

---

[29] *Ibidem*. p. 3. Grifos do original.
[30] *Ibidem*. p. 3.
[31] *Ibidem*. p. 3.

enrolação para, no final, dizer que se você não chegou lá é porque não está preparado. <u>Você</u> não está preparado, já o autor fez o possível.

> O segredo a que me refiro foi mencionado nada menos que uma centena de vezes no decorrer deste livro.[32]

Ou seja, vamos direto ao ponto, ele está dizendo que se não identifico o segredo claramente e o coloco em prática, e, além disso, não resolvo todos os meus problemas, sou BURRO.

> O Segredo Fala aos que Ouvem [...]
>
> Enquanto esse livro estava sendo escrito, meu próprio filho, que então estava concluindo seu último ano da faculdade, pegou o manuscrito do segundo capítulo da obra, o leu, e descobriu o segredo por si mesmo. Ele usou a informação tão efetivamente que galgou diretamente um posto de alta responsabilidade com um salário inicial maior do que aquele que um homem mediano jamais alcançará.[33]

Nepotismo. Será que é preciso tanta enrolação para vender um livro? Você já percebeu que todos os exemplos são de pessoas que descobriram o segredo por si só e isso fez com que elas alcançassem um desenvolvimento com um retorno financeiro e salário inicial maior do que aquele que um homem mediano jamais alcançará. Reforçando: se você não se encaixar nesse critério, você é um homem mediano, seja lá o que isso significa.

> Quando você ler o livro, talvez desfaça a impressão que possa ter tido, no início da leitura, de que a obra prometia demais. E, também, se alguma vez já se sentiu deprimido, se já teve dificuldades a vencer que pareciam lhe arrancar a própria alma, se já tentou e fracassou, se alguma vez já esteve incapacitado por causa de doenças ou aflições físicas, a história da descoberta do meu filho e do uso da fórmula de Carnegie pode vir a ser como o oásis no Deserto da Esperança Perdida, aquele oásis que você estava procurando.[34]

---

[32] *Ibidem*. p. 3.
[33] *Ibidem*. p. 3.
[34] *Ibidem*. p. 3-4.

Incrível! O número de páginas do livro deve ter sido determinado pelo editor para parecer que ele tinha um conteúdo extraordinário. Mas não se desespere, se você já o comprou, a finalidade do autor e do editor foi alcançada. Mas será que precisa de tanta baboseira para encher linguiça e não se ater ao principal: qual é a merda desse segredo?

> Uma das coisas interessantes a respeito do segredo é que os que o uma vez o adquirem e o empregam, se descobrem literalmente arrastados em direção ao sucesso. Se você duvida, estude o nome dos que o usaram, sempre que forem mencionados; examine você mesmo o histórico dessas pessoas e convença-se.[35]

É obvio que todos são casos de sucesso. Agora, vejamos, o livro vendeu, segundo a publicidade, mais de 100 milhões de cópias no mundo todo. Quantas pessoas constam como de sucesso? Não tem nenhum caso de insucesso para que possamos analisar o que deu errado e não cometer o mesmo erro? Será possível que só eu e você somos tão burros que até hoje não conseguimos desvendar esse segredo e enriquecer? Está mais difícil de engolir e aceitar a minha mediocridade. Como me sinto frustrado!

> Não existe nada que não custe alguma coisa!
>
> O segredo a que me refiro não pode ser obtido sem um preço, embora este seja bem menos que seu valor. Não pode ser adquirido por preço algum por aqueles que não o procuram intencionalmente. Não pode ser revelado, não pode ser comprado por dinheiro, pela simples razão de que se compõe de duas partes. Uma delas já pertence aos que estão prontos para ele
>
> Serve igualmente bem a todos que estão prontos para ele. Educação nada tem a ver com ele. Muito antes de eu nascer, o segredo foi ter as mãos de Thomas A. Edison e ele o aplicou com tanta inteligência que se tornou o maior inventor do mundo, embora só tivesse tido três meses de instrução.
>
> O segredo passou para Edwin C. Barnes, sócio comercial de Edison. Usou-o com tal eficácia que, embora na época só ganhasse 12.000 dólares por ano, acumulou respeitável

---
[35] *Ibidem*. p. 4.

fortuna, aposentando-se enquanto ainda jovem. Você encontrará esta história no começo do primeiro capítulo. Irá convencê-lo de que a riqueza não está além do seu alcance, que você poderá ser ainda o que deseja ser, que dinheiro, fama, reconhecimento, felicidade podem ser de todos aqueles que estão preparados e decididos a receber tais bênçãos.

Como é que sei dessas coisas? Você terá a resposta antes de terminar o livro.

Poderá encontrá-lo no primeiro capítulo ou na última página.

Enquanto me ocupava com a tarefa da pesquisa de vinte anos, que empreendi atendendo o [sic] pedido de Mr. Carnegie, analisei centenas de homens afamados, muitos dos quais admitiram terem acumulado suas vastas fortunas utilizando o auxílio do segredo de Carnegie; entre eles estão:

HENRY FORD

WILLIAM WRIGLEY JR.

JOHN WANAMAKER

JAMES J. HILL

GEORGE S. PARKER

E. M. STATLER

HENRY L. DOHERTY

CYRUS H. K. CURTIS

GEORGE EASTMAN

CHARLES M. SCHWAB

HARRIS F. WILLIAMS

DR. FRANK. GUNSAULUS

DANIEL WILLARD

KING G'LLETTE

RALPH A. WEEKS

JUIZ DANIEL T. WRIGHT

JOHN D. ROCKEFELLER

THOMAS A. EDISON

FRANK A. VANDERLIP

F. W. WOOLWORTH

CEL. ROBERT A. DOLLAR

EDWARD A. FILENE

EDWIN C. BARNES

ARTHUR NASH

THEODORE ROOSEVELT

JOHN W. DAVIS

ELBERT HUBBARD

WILBUR. WRIGHT

WILLIAM JENNINGS BRYAN

DR. DAVID STARR JORDAN

J. ODGEN AR. MOUR

ARTHUR BRISBANE

WOODROW WILSON

WILLIAM HOWARD TAFT

LUTHER BURBANK

EOWARD W. BOK

FRANK A. MUNSEY

ELBERT H. GARY

CLARENCE DARROW

DR. ALEXANDER GRAHAM BELL

JOHN H. PATTERSON

JULIUS ROSENWALD

STUART AUSTIN WIER

DR. FRANK CRANE

GEORGE M. ALEXANDER

J. G. CHAPLINE

SEN. JENNINGS RANDOLPH[36]

A primeira frase desse tópico é importantíssima.

Não existe nada *que não custe alguma coisa*.[37]

Nesse caso específico, custou o valor do livro ou curso sobre o livro e algumas horas de leitura, que você poderia ter aproveitado de maneira útil sem prender-se a demagogias de que existe uma fórmula do sucesso e que todos podem alcançá-la, como se fosse uma receita de bolo.

No restante do enunciado, se você ainda não desanimou, verificará que não vão lhe contar o segredo, você terá que adivinhar, e já que talvez você, como eu, não seja mágico ou adivinho, chegará ao final do livro com a sensação horrível de que só não atinge o sucesso como as pessoas citadas porque é um débil mental (perdão, sei que o termo é capacitista). Pelo menos eu me sinto assim quando perco tempo com essa autoajuda barata. Quase todos os citados já morreram, e casos de sucesso são parecidos, de fracassos não.

---

[36] *Ibidem*. p. 4-5.
[37] *Ibidem*. p. 4. Grifos do original.

Existe uma frase que diz que a felicidade é igual para todos, mas o grau de sofrimento varia de pessoa para pessoa. É a mais pura verdade.

> Como é que sei dessas coisas? Você terá a resposta antes de terminar o livro. Poderá encontrá-lo no primeiro capítulo ou na última página.[38]

Puxa vida, vai ser longa essa jornada... Vamos lá! Não desamine. Me siga.

> Estes nomes representam apenas pequena fração das centenas de americanos famosos, cujas realizações financeiras e outras, provam que os que entendem e aplicam o segredo Carnegie, alcançam elevados postos na vida. Nunca conheci ninguém que, inspirado a usar o segredo, não atingisse sucesso notável na carreira escolhida. Jamais conheci alguém que se distinguisse, ou que acumulasse riquezas de monta, sem estar de posse do segredo. Desses dois fatos tiro a conclusão de que o segredo é mais importante, como parte do conhecimento essencial para a autodeterminação, que qualquer outro que se receba através do que é popularmente chamado de – 'educação'.[39]

Olha a pretensão do autor! Ou arrogância, autoafirmação, autoconfiança, autopretenção etc. Sem o segredo você não conseguirá nada, talvez por isso é que você comprou o livro, como outros milhões. Interessante que milhões compraram e só existe algumas pessoas de êxito. Sinta-se um ser alienado e incapaz, pois até agora não consegui entender qual é esse segredo.

> O Momento Decisivo em Sua Vida
>
> Em algum momento, à medida que você lê, o segredo a que me refiro saltará da página e se colocara ousadamente diante de você, *se você estiver pronto para recebê-lo!* Assim que aparecer, você o reconhecerá. Quer capte o sinal no primeiro, quer no último capítulo, pare um momento, quando ele se apresentar, e faça um brinde, pois a ocasião assinalará o mais importante ponto de mutação de sua vida.

---

[38] *Ibidem.* p. 4.
[39] *Ibidem.* p. 5.

> Além disso, lembre-se, no decorrer do livro, que ele trata de fatos e não de ficção, sendo seu propósito transmitir a grande verdade universal pela qual todos os *que estiverem preparados*, possam aprender não apenas *o que fazer, mas como fazê-lo*. Receberão também *o estímulo necessário para começar.*
>
> Como palavra final de preparação, antes de iniciar o primeiro capítulo, posso oferecer-lhe uma rápida sugestão, que lhe poderá fornecer a pista para reconhecer o segredo de Carnegie? Ei-la: *toda a realização, toda a riqueza ganha, tem seu início numa ideia!*
>
> Se você estiver pronto para a revelação do segredo, então você já possui metade dele; por isso, reconhecerá prontamente a outra metade, no momento em que esta estiver diante de sua mente.[40]

Para que o segredo lhe seja revelado, você deve estar pronto/preparado para recebê-lo. A "grande verdade universal", preste atenção, "se você estiver preparado" você receberá "o que fazer e como fazê-lo".

> [E] *toda a realização, toda a riqueza ganha, tem seu início numa ideia!*[41]

Até agora foi só enrolação.

> PENSAMENTO SÃO COISAS.[42]

Aqui, o autor descreve uma situação que supostamente aconteceu entre Thomaz Edson e Edwin C. Barnes, em que este procura o primeiro com o propósito de ser seu sócio, sem um centavo no bolso e nenhuma ideia de como chegar lá. Por um acerto na venda de seu produto, ou, como diz no livro,

> [...] de que um impulso intangível de pensamento pode ser transformado em prêmios materiais [...].[43]

Aplicando-se os princípios conhecidos, ele tem a oportunidade de tornar-se um revendedor nacional e enriquecer. Para o autor, foi porque aprendeu a técnica de que se você pensar, enriquece. Só se

---

[40] *Ibidem.* p. 5-6. Grifos do original.
[41] *Ibidem.* p. 6. Grifo do original.
[42] *Ibidem.* p. 6.
[43] *Ibidem.* p. 7.

esqueceu de contar que milhares de pessoas que trabalham para o Sr. Edson não conseguiram o mesmo nem se deu o trabalho de verificar o porquê.

Ele só pegou o caso de sucesso, que, pelo descrito, nunca leu seu livro, e transformou em um exemplo para vendê-lo. Fácil assim.

Eu pego um exemplo que nada tem a ver com o conhecimento oculto que me proponho a lhe ensinar e uso para induzi-lo a pensar que você está prestes a tornar-se o próximo milionário. Bem, eu deveria ser processado por vender terreno no Céu (se bem que foi você quem escolheu comprar). Como ninguém voltou para reclamar que no Céu não tem terreno, provavelmente eu escaparia de ser enquadrado como estelionatário. É aí que os gurus, os pastores e os padres tomam seu dinheiro. Se for malsucedido nos negócios, tente uma dessas profissões. É mais fácil enganar quem quer ser enganado.

Desculpe, só começamos. Mas não se ache um trouxa sozinho. A maioria das pessoas pensa em encontrar um atalho para o sucesso. Ou um guru...

No livro, após a citação referida, temos o exemplo de um fracassado porque ele desistiu a alguns metros do objetivo e não pensou em comprar o livro, ler a enrolação até o final e concluir seu objetivo. Porém no livro não é contado que, na vida, você não desiste porque é incompetente, mas sim porque, na maioria das vezes, você esgotou seus recursos, realmente seu negócio não tem futuro, ainda não existem consumidores para ele etc.

É fácil ser engenheiro de obra pronta, o difícil realizar algo. Exemplos podem surgir aos montes, e você verá que o autor é cobra nisso. Só não vejo, pelo menos até aqui, nenhum empreendimento dele que tenha o mesmo sucesso pregado no livro, a não ser o próprio livro. Vamos lá! Quem sabe chegamos no pote de ouro no final do arco-íris? Tenho minhas dúvidas, mas estamos aqui para tentar.

Aí vem o troco. Nem me esperou tomar fôlego. Olhem o que o fracassado fez. Só temos exemplos de sucesso. Não se esqueça.

Sucesso a um Passo Além da Derrota

Longo tempo depois, Darby recuperou a perda, com grande margem, *quando fez a descoberta* de que o desejo pode transformar-se em ouro. A descoberta teve lugar depois que entrou no ramo de vendas de seguros de vida.

Lembrando-se de que perdera enorme fortuna por ter parado a três passos do ouro, Darby lucrou com a experiência, em seu trabalho, pelo método simples de dizer a si mesmo: 'Parei a três passos do ouro, mas jamais pararei porque os homens me dizem 'não', ao meu pedido de que comprem seguro de vida'.

Darby tornou-se parte de um pequeno grupo de homens que vendem, anualmente, mais de um milhão de dólares. Deve sua persistência a ação que aprendeu com sua desistência no ramo da mineração do ouro.

Antes que o sucesso chegue na vida de qualquer homem, ele encontrará, com certeza, muitas derrotas temporárias e, talvez, algum fracasso. Quando a derrota alcança homem, a coisa mais fácil e lógica a fazer é desistir. É o que faz exatamente, a maioria das pessoas.

Mais de cinco mil dos homens de maior sucesso que este país jamais teve, contaram ao autor que seu maior êxito chegou justamente a um passo além do ponto em que a derrota os alcançara. O fracasso é um malandro com aguçado senso de ironia e astúcia. Sente grande prazer em derrotar a pessoa, quando o êxito está quase ao seu alcance.[44]

Ufa! Quase achei que teríamos um exemplo de fracasso. Ainda bem que aqui não tem lugar para isso, senão você iria desistir. Continuando...

A descrição citada define de maneira prática a enganação que é o título do livro: não existe a tal fórmula mágica que ele inicialmente se propõe a ensinar; até porque, se assim fosse, só seriam pobres aqueles que optassem por esse princípio. No livro inteiro o leitor é levado a crer que no capítulo seguinte o segredo será revelado. Mera ilusão. O que não acredito é que pessoas que o leram não conseguiram atingir nenhuma meta pessoal, mas indicam como se ele fosse o suprassumo da sabedoria.

---

[44] *Ibidem.* p. 8-9. Grifos do original.

Existem inúmeros artigos na internet exaltando o livro e resumindo de forma cômica o que ele talvez quis dizer ou ensinar; por exemplo:

> As 9 Ideias do Livro Quem Pensa Enriquece.
>
> Pensamentos se tornam coisas – aprenda a controlá-los.
>
> Desenvolva um desejo ardente para alcançar um Grande Objetivo.
>
> Escolarização não é educação.
>
> Já espere derrotas temporárias
>
> Nossas limitações são aquelas que criamos para nossa mente
>
> Escreva um plano detalhado
>
> Conhecimento é poder se, e somente se, organizado, estruturado em um plano de ação e com um objetivo.
>
> Persistência e Decisão serão essenciais
>
> Associe-se a outras pessoas que tenham objetivos similares.[45]

Obviedades tão gritantes e tão simplistas que não merecerem comentários. Outras pérolas em outro resumo do livro:

> Para quem é esse livro?
>
> Recomendamos esse livro para quem quer sair da inércia, pra quem de repente tem a faca e o queijo na mão, mas não tem fome.
>
> 3 ESTALOS do livro
>
> Selecionamos 3 ideias do livro "Quem Pensa Enrouquece" que você vai escutar nesse episódio:
>
> #1 ideia central

---

[45] O texto publicado é original e não sofreu correção gramatical/ortográfica.

Nós somos o que somos por causa dos pensamentos dominantes que nós mesmos permitimos que ocupem nossa mente.

Se a gente quer conquistar um grande objetivo na vida, precisamos antes de tudo condicionar o nosso lado mental.

#2 Mente consciente X Mente subconsciente

Assuntos como o poder do subconsciente permeiam todo a vasta obra de Napoleon Hill, e é importante a gente entender a diferença entre mente consciente e mente subconsciente, porque todas as ferramentas que ele traz no livro são justamente para surtirem efeito no subconsciente.

Então vamos lá...

Mente consciente: recebe informação através dos cinco sentidos – visão, audição, olfato, paladar e tato. A mente consciente observa aquilo o que você precisa para pensar e funcionar, e filtra o que não é necessário.

Sua mente consciente é a inteligência com a qual você normalmente pensa, raciocina e planeja.

Mente subconsciente: tem acesso a mesma informação que a mente consciente, mas não raciocina como ela. Nossa mente subconsciente toma tudo literalmente, não distingue o que é real ou o que é imaginário. Não faz julgamentos de valor. Não filtra e não esquece.

Sob certas circunstâncias, todos aqueles fatos e ideias esquecidas que estão lá no subconsciente podem, se estiverem bem enraizados, influenciar suas atitudes e ações conscientes.

#3 Você é o azar!

Azar é algo que acontece (ou seja, de fora para dentro) ou é a gente que cria isso de forma subconsciente (de dentro para fora)?

Milhões de pessoas acreditam que elas estão fadadas à pobreza e ao fracasso por causa de alguma força estranha. Elas chamam isso de azar.

Mas, de acordo com Napoleon Hill, a verdade é que elas mesmas são as criadoras dos próprios fracassos, porque essa crença negativa no azar é captada pela mente subconsciente e, assim, ela é traduzida em seu equivalente físico.

Esse azar todo realmente se torna realidade na vida dessas pessoas.

Frases do livro para colocar em uma camiseta

'Cada adversidade traz consigo a semente de um benefício igual ou maior'.

'A felicidade está em fazer, não só em ter'.

'Um desistente nunca vence, e um vencedor nunca desiste'.[46]

Impossível não comentar.

Frases para colocar em uma camiseta

Mais autoajuda barata impossível, mas para quem vende milagres, isso funciona. Quem "pinçou" essas frases estupendas do livro, no mínimo vende cursos ou interpretação de textos. E engana com qualquer um deles, pois são banalidades, como qualquer livro desse tipo, que induz o comprador a pensar em ouro quando, na verdade, está comprando "ouro de tolo", aquele vendido por ciganas nas esquinas da vida.

Quem é Napoleon Hill?

O livro 'Quem Pensa Enriquece' foi publicado pela primeira vez em 1937, e até hoje é um dos maiores best-sellers mundiais.

O autor é o criador de milionários

---

[46] O texto publicado é original e não sofreu correção gramatical/ortográfica. Para ter acesso ao original, visite o endereço eletrônico https://www.resumocast.com.br/quem-pensa-enriquece-napoleon-hill/

> Napoleon Hill, que por quase 30 anos se dedicou a entrevistar mais de 500 dos mais famosos e bem-sucedidos líderes de cada setor empresarial, além de milhares de outros empreendedores, tanto de sucesso como de fracasso.
>
> O resultado desses anos todos de pesquisa tornaram Napoleon Hill uma das vozes mais influentes dos Estados Unidos.[47]

Vejam a pretensão!

> O autor é criador de milionários.[48]

Se você chegou ao final do livro e sente-se um fracassado, vá tomar uma cerveja com os amigos, esqueça o tempo perdido na leitura, não o recomende para ninguém, porque não se deve fazer os outros perderem tempo com bobagens, e, finalmente, diga para quem lhe indicou o referido para ter discernimento e lhe pergunte: por que você não enriqueceu? Ponto Final.

---

[47] *Ibidem*. n. p.
[48] *Ibidem*. n. p.

5

como fazer amigos e influenciar pessoas

(e deixar o autor do livro milionário)

O primeiro livro de autoajuda escrito por Dale Carnegie (1888-1955), intitulado *How to win friends and influence people*,[49] assim como a obra do capítulo anterior, também foi escrita na década de 30 e traz diversos princípios (a famosa receita de bolo) que servem para todos.

Dale Carnegie já vendeu mais de 50 milhões desse livro desde seu lançamento, colocando-o entre os livros mais lidos do planeta. Os princípios são regrinhas simples (põe simples nisso) que, em qualquer parte do mundo, podem ser aplicadas inconscientemente, em determinado grau, caso contrário você não conseguiria conviver com ninguém.

Porém, por ser algo tão obvio, se você precisa de um guru para seguir essas regras para relacionar-se, desculpe-me, você deve ter chegado de Marte e lá a convivência é totalmente diferente do planeta Terra. Não importa que forno você usa, qual a temperatura média, quanto tempo você deixe a massa descansar, compre o livro e seja feliz. E TROUXA. Afinal, você é um autômato, só faça o que está na receita, ela serve para todos. Não é possível que você não se encaixa nela.

A seguir, vamos analisar, princípio a princípio, o que o livro mostra e que devemos seguir à risca.

> Como lidar com pessoas [...]
>
> Princípio 1.
>
> Não critique, não condene e não se queixe.

---

[49] CARNEGIE, Dale. *Como fazer amigos e influenciar pessoas*. Tradução de Fernando Tude de Souza. 52. ed. São Paulo: Companhia Editora Nacional, 2012.

Ou seja, seja falso. Mesmo que você veja algum deslize ou falha em qualquer pessoa, mesmo que pense em ajudar, nunca, mas nunca mesmo, critique, condene ou reclame. É o princípio mais falso que existe, você vai parecer um pouco atrasado mentalmente. Chutaram você, mas sorria! Passaram a perna em você, não condene. Está doendo o chute e o prejuízo foi grande, porém não reclame, afinal, você quer ser agradável e ter um monte de amigos, nem que seja só para tirarem proveito de você. Quando lhe ofenderem de qualquer forma, fique mudo, faça cara de bobo, mas esse princípio é fundamental para seu sucesso, portanto pratique-o diariamente.

Princípio 2.

Aprecie honesta e sinceramente.

Voltemos ao resumo do princípio 1: seja falso, demonstre interesse ilegítimo nas pessoas, sorria o tempo todo... Faça a pessoa sentir-se importante "sinceramente", mesmo que esse "sinceramente", seja falso, já que não é o que você sente, mas o que a pessoa vê em sua atitude.

O autor prega que os elogios devem ser sinceros, só não ensina como. Como ser sincero e não infringir o princípio número 1? Responda-me <u>sinceramente</u> e ganhe um doce.

Princípio 3.

Desperte um forte desejo na outra pessoa.

Seus objetivos são diferentes da pessoa que você quer influenciar? Não tem a mínima importância, coloque-se no lugar do outro, mesmo que esse lugar seja desconfortável, mesmo você não consiga entender como alguém pode ter objetivos tão banais; o importante é que você tornar-se amigo dele.

Ter objetivos diferentes faz parte da humanidade, senão estaríamos na Idade da Pedra, e transformar isso num mantra para ter "amigos" só não é mais autoajuda do que os nossos autores anteriores. Não se esqueça: você quer ter um milhão de amigos e para isso você tem que se anular.

Ah, Gilmar, mas não parece que o autor prega isso...

Tente, então, seguir todas as regras. E vou lhe dar um conselho: quando você renascer, se você acredita em renascimento, entre na fila de distribuição de cérebros; aliás, deveria ser obrigatório ter um, além de usá-lo de maneira correta. Não precisa nem ser inteligente, é só usar o básico e você não vai precisar de nenhum manual.

Como convencer os outros

Princípio 1.

A única maneira de ganhar uma discussão é evitando-a.

Engula seus princípios, suas convicções, suas verdades, escute, não divirja nunca, isto é, voltamos ao ser falso. Não acredito que para ter amigos ou influenciar alguém você tenha que se transformar no bobo da corte. Segundo o autor, a única maneira de ganhar uma discussão é evitando-a. Pois bem, a escolha é sua, compre uma máscara, um nariz vermelho e deixe os outros fazerem o que quiserem com você que se tornará um ser adorável; e talvez morra de câncer, pois vai ficar amargurado por não dizer o que sente.

Quando repetidamente não dizemos aquilo que sentimos, isto é, só "engolimos sapo", já está provado clinicamente e psicologicamente, que adoecemos. Mas você terá um grande número de amigos no seu velório, pois você é um cara legal.

Princípio 2.

Respeite a opinião dos outros. Nunca diga: "Você está enganado".

Alguém acha que a vida não vale mais a pena e quer se suicidar, não importa como, se pulando do décimo sexto andar do prédio onde mora, se tomando veneno, se dando um tiro na têmpora etc., nunca diga que ele está errado.

Alguém não perguntou sua opinião sobre o ato que está para cometer. Diga que você ganhou na loteria, que tem uma família maravilhosa, que sua mulher foi miss de sua cidade.

Se quiser, mesmo assim, expor seu ponto de vista, o que não é recomendado, diga com tranquilidade: "Posso estar errado, mas acredito que você deve fazer o que quiser da sua vida. Portanto não vou dar nenhum palpite para você. Boa viagem ao paraíso". Sarcástico, mas é assim que se faz amigos.

Princípio 3.

Se está enganado, reconheça o seu erro rápida e enfaticamente.

Faça uma mea-culpa de todos os seus erros constantemente, não importa com quem – se é um estranho, se é seu concorrente, se roubou sua mulher –, pois a culpa foi sua. Quem mandou querê-lo como amigo? Conte todos os detalhes, ele vai ficar feliz por ver que você tem os mesmos defeitos e comete os mesmos erros, e que todo mundo que tem uma vida normal também erra.(você se acha um cara normal, só tem uma tendência a falsidade). A autoestima dele irá lá em cima. Já a sua... Não importa, sua felicidade é fazer amigos.

Princípio 4.

Comece de uma maneira amistosa.

Ele comprou um carro acima das possibilidades dele, ficou lhe devendo o dinheiro que pediu emprestado e tinha uma data para devolver. Certo? Infelizmente, aconteceram uns imprevistos e ele teve que comprar uma joia à esposa, você vai ter que esperar. Ele não está pedindo, está apenas comunicando. Não importa, você que se vire com seus compromissos, não imponha uma nova data, deixe-o à vontade, pois o que importa é "ser amigo", esse é o princípio de tudo.

Princípio 5.

Consiga que a outra pessoa diga 'sim, sim', imediatamente.

Perguntas óbvias para obter um sim:

- Você quer um prêmio de loteria mesmo sem jogar?
- Você quer uma aparência jovem para toda a vida?
- Você quer ter saúde a vida toda?
- Você quer que seus entes queridos sejam felizes?
- Você não quer que seu sapato machuque os seus pés?
- Você acha que sou bobo por estar lhe fazendo perguntas óbvias?

Sim. Não é possível que a pessoa não vai dizer sim para a maioria das perguntas, afinal, você se esforçou tanto para facilitar as respostas. Você é nota 10!

Princípio 6

Deixe a outra pessoa falar durante boa parte da conversa.

Poxa, você estava indo tão bem! No princípio anterior esforçou-se ao máximo para deixar seu novo amigo à vontade com as respostas e agora te pedem para falar pouco? Talvez porque já estejam percebendo que você está exagerando, o outro não aguenta mais essa idolatria e está se cansando de ver você puxar o saco dele.

Mesmo que você esteja certo, contenha-se, deixe seu novo amigo contar todas as vantagens em relação a você e ao mundo. Quando as pessoas encontram alguém como você, elas tendem a exagerar nas conquistas e minimizar os erros. Deixe que ele fale até se satisfazer; barriga cheia, no sentido figurado, satisfaz qualquer glutão. Não são todos que podem contar com um amigo que suporta qualquer baboseira e mostre-se simpático o tempo todo.

Princípio 7.

Deixe que a outra pessoa sinta que a ideia é dela.

Você descobriu a cura do câncer e da diabetes, está para publicar seu livro e tornar-se uma pessoa conhecida mundialmente, depois de um longo período de pesquisa, noites em claro e tempo de vida, e pouco tempo para a família. Mas esqueça que a ideia foi sua, transfira todos os méritos para seu novo amigo. Nunca, mas nunca mesmo, ser generoso rendeu tantos frutos, você realmente merece esse novo e querido ente em seu meio. Esforçando-se assim, talvez ele até o coloque nas descobertas como coautor. Não se empolgue, a generosidade tem que ser só sua, pois conquistar é sua função, não a dele.

Princípio 8.

Procure honestamente ver as coisas do ponto de vista da outra pessoa.

Pule você do décimo sexto andar. Tome você o veneno. Dê você um tiro na sua têmpora etc. Mas coloque-se no lugar do outro, você tem de ser tolerante e compreensivo. Isso é empatia, um dos princípios da inteligência emocional (poxa, agora você foi fundo, eu chego a me emocionar).

Princípio 9.

Seja receptivo às ideias e aos desejos da outra pessoa.

Diga sempre que entende e que também se sente como seu novo amigo. Solidariedade faz parte de sua falsa característica, mas isso impressiona. Certeza que aqui você ganhou mais pontos do que se tivesse apostado no preto e no vermelho da roleta ao mesmo tempo.

Princípio 10.

Apele para os mais nobres motivos.

A maioria das pessoas são honestas, disse Carnegie, então as pessoas vão agir favoravelmente se sentirem que você considera-as honestas, corretas e justas, mesmo muitas delas não sendo nada disso. Como já perceberam que você é suscetível a uma chantagem emocional, pois é isso que o livro ensinou até agora, seja emocionalmente uma banana, talvez fiquem com pena e devolvam-lhe o que lhe tomaram. Não espere muito por isso, mas não custa tentar, você está no caminho de tornar-se um "amigo" e as pessoas podem fazê-lo de bobo sem medo de perdê-lo.

Princípio 11.

Dramatize suas ideias.

Não entendi esse princípio. Em princípios anteriores dizem para você falar pouco, colocar-se no lugar do outro, ter empatia etc., e agora dizem para você expor-se dramaticamente e expor a verdade? Pule esse princípio, acho que colocaram no livro de autoajuda errado, isso não é uma peça de teatro, o editor comeu bola. Quem vai gostar de uma pessoa que muda assim de atitude? Pode pular sem medo, você não está no décimo sexto andar com seu amigo, portanto ele não precisa saber que você está sintetizando alguns ensinamentos. Vamos em frente.

Princípio 12.

Lance um desafio.

Proceda como no princípio n.º 11. Não é possível, estou escrevendo para a editora propondo uma nova edição com a correção desses dois últimos princípios. E como não me interesso pessoalmente em influenciar e fazer amigos, vou solicitar a demissão do revisor. Infelizmente, não vou estragar minha reputação, estou aqui para achar defeitos e não virtudes.

Como ser líder

Princípio 1.

Comece com um elogio ou uma apreciação sincera.

Procure não seguir fielmente o que estão lhe propondo. Invente um pouco para não parecer tão alienado. Só elogie, os desacertos e os erros que encontrar em qualquer situação, assuma como seus. Diga que ele não entendeu direito o que você quis dizer, que da próxima vez você tentará explicar de outra maneira, talvez até desenhar o que está propondo. Afinal, para que criticar? Não é essa sua função.

Se tiver que fazer uma observação – veja bem, não uma crítica –, o elogio pode fazer o papel de um anestésico. Talvez funcione, talvez você terá que retroceder para não magoar, muito cuidado. Você está aqui só para fazer amigos e influenciar "positivamente" as pessoas

Para você ter uma ideia da falácia desse princípio, ele não funciona com pessoas mais experientes, que podem achá-lo falso demais. Só funciona com jovens inexperientes. Talvez funcione com você, já que precisou desse livro para tentar expandir seu círculo de influência.

Princípio 2.

Chame a atenção para os erros das pessoas de maneira indireta.

Perigo. Quando tiver que fazer uma crítica, o autor propõe que você cite como exemplo outras pessoas que cometem o erro. Quem sabe o novo amigo que você está tentando conquistar perceba sutilmente que também ele tem que melhorar. É como andar em cima de uma navalha. Você teve um trabalho enorme para chegar até aqui, portanto todo cuidado é pouco. Tem que ser artista para causar esse efeito, mas não custa tentar.

Princípio 3.

Fale sobre os seus erros antes de criticar os das outras pessoas.

Ótimo! Voltamos à realidade que estão tentando ensinar: só você no mundo tem defeitos e comete erros, ele não. Você é o espantalho do universo. Como alguém pode ter tantos defeitos, cometer tantos erros, e ao mesmo tempo ser tão simpático com todos como você? Ele não sabe que você está usando uma máscara para conquistá-lo. Talvez ele também seja um bobo da corte que comprou o livro e está fazendo de conta que não percebeu suas segundas intenções, pois também quer ser seu amigo. Olha o perigo. Já tinha imaginado, esse jogo pode ser duplo, um tentando conquistar o outro. Vai ser uma tonelada de falsidade junto.

Princípio 4.

Faça perguntas em vez de dar ordens diretas.

É obvio, sugira as ações que ele deve tomar para seguir em frente e dar-se bem na vida, no amor, no emprego etc. Se algo der errado, sugira também que ele coloque a culpa em você. É para isso que servem os amigos. Diga que em qualquer situação, mesmo que a atitude dele lhe cause prejuízo financeiro, amoroso, no trabalho etc., ele pode contar com sua fidelidade. Isso vai deixá-lo seguro de que pode tomar atitudes ousadas sem se preocupar com as consequências. A chance de dar certo nessa circunstância é muito maior. Se posso arriscar sem me preocupar com as consequências, vou dar tiro na Lua, quem sabe cai um pedaço no meu quintal e eu venda como um meteorito raro. Se cair no do vizinho, posso dizer que você errou nos cálculos matemáticos e vai assumir o prejuízo. Que legal! Nesse item você se superou! Nota dez com louvor!

Princípio 5.

Permita que a pessoa salve seu próprio prestígio.

Você não consegue fazer isso nem que queira. Já te ensinaram o bastante para você entender que o culpado é sempre você. Não tenho dúvida de que, como chegou até aqui, não vai querer perder todo o esforço que já fez. Você está no caminho certo, fazendo tudo na mais perfeita ordem para que ele não perca sua autoestima.

Estou colocando isso só para tranquilizar o autor. Aliás, se você não conseguir, a culpa é sua, somente sua. A dele foi arrecadar o máximo possível com essa autoajuda. Qualquer fracasso será debitado em sua conta. Prepare seu psicólogo, psicanalista ou psiquiatra, pois, dando certo ou não, você vai precisar.

Princípio 6.

Elogie o menor progresso e elogie cada progresso. Seja 'sincero na sua apreciação e pródigo no seu elogio'.

Meu santo Padrinho Cicero. Eles nunca estão contentes. Você está colocando tudo que é seu em risco e eles ainda não notaram que você está fazendo isso o tempo todo. Maior incentivo do que assumir todos os erros sem contestar nada é a maior prova disso, ou seja, de que ele poderá cometer todo tipo de loucura sem se preocupar se dará certo ou não. Como o prejuízo é seu, e não dele, ele pode tentar quantas vezes quiser, afinal, se ele não terá nenhum prejuízo, por que não tentar indefinidamente? Uma hora ele acerta.

Já imaginou se ele estiver em um cassino? Prepare-se para desfazer-se de todo seu patrimônio. Se mesmo assim ficar alguma dívida, tranquilize-o. Você é forte o bastante para trabalhar e quitá-la.

Princípio 7.

Proporcione à outra pessoa uma boa reputação para ela zelar.

Mesmo que ele seja um perna-de-pau, diga que ele é o melhor goleador que você já conheceu. Não só para ele, mas para todos que o conhecem. Se não foi bem um dia é porque estava num dia sem sorte. Nunca, mas nunca mesmo, é porque não sabe dominar a bola, pois a reputação dele tem que ser primordial em sua vida. Faça sol ou faça chuva, faça certo ou errado, não interessa, você está aqui para elevar a reputação dele à máxima potência.

Princípio 8.

Empregue o incentivo. Torne o erro mais fácil de ser corrigido.

Não sei como você pode fazer isso, mas vou tentar. Se você deu total liberdade para ele errar, vai assumir todos os prejuízos e erros dele, como pode, agora, querer que ele falhe somente em coisas fáceis de serem corrigidas? Se você der um limite, estará infringindo outros princípios anteriores.

Às vezes é assim mesmo, os autores tentam "esticar" uma narrativa e cometem esses deslizes. Para minimizar os riscos das atitudes dele, talvez você deva propor que ele se mude para a sua casa. Além de diminuir as despesas dele, você fica mais próximo, o tempo todo, e não o deixa correr riscos desnecessários ou que afetem muito a vida dele.

Isso porque você é responsável por tudo que acontece com ele, nunca se esqueça desse princípio que deve nortear sua vida a partir de hoje. Quem mandou comprar o livro? Como você nunca ouviu falar da síndrome dos custos irrecuperáveis, vai tentar seguir as instruções até o fim, nem que elas destruam-no completamente. Continue assim.

Princípio 9.

Faça a outra pessoa sentir-se feliz realizando aquilo que você sugere.

Quer me adotar? Se você seguir todos os princípios propostos serei seu melhor amigo. Não pegue pesado, como já foi explicado nos conselhos que recebeu. Você vai sentir-se bem, "sinceramente", se você segui-los à risca. Com todos os riscos por sua conta, o que pode acontecer de ruim para mim? Só se eu fosse um trouxa para não aceitar.

Promete me adotar? Não? Por favor, aceite.

Eu quero ser seu novo amigo e deixo você me influenciar em todos os sentidos, _afinal, eu também estou seguindo os conselhos do livro_.

Como não poderia deixar de ser, "análises" do livro trazem algumas frases que vão incentivá-lo ainda mais em sua caminhada. Vamos analisar algumas. Não se sinta ofendido. É que nós somos incapazes, então vou tentar facilitar o entendimento.

> Muitas das coisas mais importantes do mundo foram conseguidas por pessoas que continuaram tentando quando parecia não haver mais nenhuma esperança de sucesso.

Todo livro de autoajuda traz essa fase com pequenas modificações: o segredo é tentar, tentar e tentar. Só lhe contam os que deram certo, mas para cada sucesso existe um número exponencialmente maior de fracassos. É claro que esses não têm voz na mídia ou nos livros. Talvez eles ensinassem mais sobre o que não fazer para fracassar do que tentar vender uma fórmula de sucesso, pois o fracasso ensina muito mais. Para o caminho do sucesso eles ensinam uma receita; no fracasso haveria "n" exemplos de como fugir das armadilhas. Porém fracasso não vende livros.

> Você nunca alcança o sucesso verdadeiro a menos que você goste do que está fazendo.

Outra falácia dos livros de autoajuda. Às vezes, a vida leva-o por caminhos que você não queria e você alcança o sucesso; em outras você tenta fazer aquilo que gosta e não consegue nem comprar um sabonete, e sem sabonete você não consegue nem ficar perto das pessoas. Quem quer um sujeito mal cheiroso por perto?

Sucesso também depende daquilo que se espera da vida. Ninguém precisa ter sucesso para ser feliz. Às vezes, uma vida simples e monótona é sucesso para muitos. Vender felicidade é fácil, difícil é ser feliz. Afinal, o que é sucesso para você?

> Tente a sua sorte! A vida é feita de oportunidades. O homem que vai mais longe é quase sempre aquele que tem coragem de arriscar.

Aqui o autor – ou quem o interpretou – propõe que Deus joga dados. Se acreditar em sorte, você tem que acreditar que algo imponderável é que tem o controle de sua vida; apesar de que quem acredita em livre-arbítrio também acredita nessa falácia. Continuando...

> Quando tratarmos com pessoas, lembremo-nos sempre de que não estamos tratando com criaturas lógicas. Estamos tratando com criaturas emotivas, criaturas suscetíveis às observações norteadas pelo orgulho e pela vaidade.

> Essa obra é essencial para quem quer aprimorar suas relações interpessoais. Claro que não dá para imaginar que vai ser tudo mil maravilhas! Os conhecimentos apresentados em Como Fazer Amigos e Influenciar Pessoas funcionam grande parte das vezes e para a grande maioria das pessoas, mas não garantimos 100% de eficácia.[50]

No final do *blog* em que me baseei para escrever o que penso desse livro de autoajuda, encontrei essas pérolas supracitadas (sim, baseei-me em um resumo. eu não tinha tempo nem teria lógica ler um livro inteiro para tirar princípios elementares que qualquer pessoa com bom senso usa diariamente e intuitivamente, não na ordem proposta nem com todas as falácias inerentes aos livros de autoajuda).

Sempre, em todos esses livros, você está ajudando somente o autor. Quando as pessoas dizem que foram influenciadas por algum desses livros, fico a pensar como é difícil entender o ser humano, principalmente os que precisam de uma gama de palavras vazias para sentirem-se bem consigo mesmo. Acho, não, tenho certeza, de que qualquer psicólogo vai concordar que se você precisa dessas falácias, o melhor é uma terapia.

Ter alguém para ouvi-lo faz um efeito muito mais positivo. Precisamos mais de escutadores do que de oradores, e na terapia você é esse escutador de si mesmo. Como comentou o indiano Osho (1931-1990), não me sigam em hipótese alguma, criem seu próprio caminho.

---

[50] ZECOVIC, Emir. *Resumo do livro Como fazer amigos e influenciar pessoas*, de Dale Carnegie. 12 min. Belo Horizonte, 20 out. 2018. Disponível em: https://blog.12min.com/br/resumo-do-livro-como-fazer-amigos--e-influenciar-pessoas. Acesso em: 2 mar. 2022.

6

coaching

gurus modernos

A palavra *coach*, em inglês, tem alguns significados:

- Primariamente advinda do francês e dinamarquês, é a denominação do cargo de condutor de carruagens a cavalo e também o nome das carroças, especialmente as fechadas.

- Posteriormente, a palavra passou a ser usada para designar treinadores(as) esportivos, líderes ou professores(as) que instruem uma equipe numa modalidade atlética em particular.

No terceiro milênio, o coaching tornou-se o processo de treinar ou ensinar terceiros para além do esporte, seja para desempenharem certas funções, alcançarem objetivos, aprenderem habilidades, desenvolverem competências. No Brasil, o coach virou piada para qualquer pessoa que diz ter se especializado na realização de um certo processo e vende o poder em cursos, palestras ou livros para você também realizá-lo.

No caso, *coachee* é a denominação do cliente que paga para passar pelo processo de coaching. Essa prática de coaching popularizou-se e, como sempre, aconteceram inúmeras distorções, com aproveitadores e gurus que se apoderaram do termo para vender conhecimento vazio. Quase sempre, se não em sua totalidade, são os mesmos que vendem autoajuda como solução fácil de problemas complexos, como ideias de que tudo depende do pensamento positivo.

Como assim tudo depende de pensamento positivo? De qual experimento científico tiraram essa afirmação? Exatamente, de nenhum. São frases que não têm nenhum embasamento teórico ou comprovação factual e que simplesmente não são verdadeiras, afinal, se tudo ficasse mais fácil de realizar pela força do pensamento, o sucesso, em cada concepção individual, seria algo simples, alcançado apenas desejando e mentalizando muito.

Mas a realidade não é essa. Geralmente, qualquer objetivo que você deseja conquistar na vida depende de diversas variáveis, e não apenas de você, e, portanto, foge do seu controle. Por exemplo, você pode depender da disponibilidade e da disposição de outras pessoas, que podem nem estar interessadas em ajudá-lo. E aí? No que mentalizar positivo vai lhe ajudar nesses casos? Talvez a ter mais paciência, mas de resto, nada. Para exemplificar como existem gurus vendendo soluções iguais para todos os tipos de problemas, vamos a mais um "Ufa!".

Coaching empresarial.

Coaching de vida.

Coaching & terapia – desenvolvimento pessoal.

Coaching financeiro.

Coaching de negócios.

Coaching de carreira.

Coaching esportivo.

Coaching de relacionamentos.

Coaching individual para executivo.

Coaching de emagrecimento.

Coaching de saúde.

Coaching de vendas.

Coaching de espiritualidade.

Coaching de psicologia.

Coaching em grupo.

Coaching ericksoniano.

Coaching profissional.

Coaching de desempenho.

Coaching de líder recém-designado.

Coaching para fornecer feedback.

Coaching comportamental direcionado.

Coaching de habilidades de apresentação.

Coaching de habilidades de comunicação.

Etc. etc. etc. etc. etc.

Esses exemplos mostram que para tudo que você precisa em sua vida, seja pessoal ou profissional, desde que tenha recursos para remunerar o guru, você terá assistência para resolver problemas pessoais com regras universais. Quanta pretensão!

Mesmo em sessões individuais, eu testei algumas, e todas têm um manual exatamente idêntico ao dos gurus da autoajuda, fazendo você acreditar que existe uma solução milagrosa para todos os seus conflitos, assim como os famosos livros de autoajuda. Na realidade, foi só mais uma maneira que inventaram de arrancar dinheiro de quem acredita em qualquer nova moda.

Os estelionatários estão constantemente procurando por novas formas de enganação e existem muitas pessoas que acreditam em qualquer coisa que tem um marketing positivo sobre o assunto e que seja apoiado por uma dúzia de ingênuos dizendo que aquilo foi "a mudança de suas vidas".

Parece que o desenvolvimento desses manuais segue uma regra específica que diz o seguinte:

- Basta acreditar que você é capaz e tudo dará certo.
- Tudo só depende de você.
- O sucesso está em suas mãos.
- Você só precisa acreditar para alcançá-lo.

Quando você vê que acreditar não lhe fez criar superpoderes para atingir todos os seus objetivos e que o sucesso não estava exatamente na palma da sua mão, o discurso muda:

- Se você não desenvolver as habilidades que estou lhe propondo a culpa é sua.
- Você não colocou tudo em prática que eu estou te ensinando.
- Você é incapaz de aprender e mudar para alcançar seus objetivos.

Parece familiar? Pois é familiar, é o mesmo que pregam os gurus da autoajuda, só que com outro nome. Da mesma forma que os livros e os cursos de autoajuda, para os coachs não importa o tiro de partida, ou seja, sua origem, suas habilidades, e, mais importante do que tudo, não importa a aleatoriedade da vida. Já falamos sobre isso em capítulos anteriores.

Infelizmente, ou felizmente, a vida leva-nos para caminhos que não estavam previstos em nosso esboço inicial, e aí precisamos seguir vivendo com aquilo que ela ofereceu-nos, com circunstâncias que, muitas vezes, não estavam nos planos, mas acabaram acontecendo. Também falei na introdução deste livro: muitas vezes, aquilo que não planejamos é o melhor que nos pode acontecer, ou aquilo que planejamos e não ocorreu foi o melhor que podia ter acontecido. Dá para mudar o caminho? Sim, em um percentual muito pequeno, normalmente menos do que gostaríamos.

Toda técnica que se origina em suposições de que o ser humano pode ser moldado a seu bel-prazer traz nela um sentido que não leva em consideração as corredeiras da vida. Se temos completo domínio apenas sobre um pequeno percentual do nosso destino, isso coloca nas mãos da aleatoriedade a grande maioria do rumo que tomamos. Como disse um amigo, não importa o ramo e, sim, o rumo.

No meu entendimento, a vida é um rio com corredeiras, com momentos suaves e um aguaceiro inesperado em outros, que muda nosso rumo mesmo que lutemos com todas as nossas forças para remar em qualquer outra direção. O que você tem em mãos é um remo. Importa se você remar para ter algum controle sobre a direção da sua vida? Sim, conseguimos remar para ter algum domínio sobre o nosso destino, mas não se engane, a vida apresentar-lhe-á alguns obstáculos, o destino possivelmente lhe fará ser engolido em certos momentos por algumas dessas corredeiras, afinal, alguns problemas surgem e fazem-no perder completamente o sentido da direção a que deveria remar.

Fatos comuns, como o adoecimento de um familiar próximo, ou aquela ação que você investiu na bolsa de valores sofrer uma queda abrupta no valor, ou lhe demitirem, sem aviso prévio. E aí? São acasos que fazem parte da aleatoriedade da vida, e lidar com esses imprevistos, com tudo o que surge do nada e leva você para uma direção completamente oposta da qual estava planejando remar, é o que traz o amadurecimento e a força necessários para viver a vida adulta.

Não acredite em nenhum tipo de guru, sobretudo quando lhe dizem que você pode controlar o seu destino e todas as suas corredeiras.

Ele está fazendo-o viver em uma ilusão, como se sua vida fosse uma história de conto de fadas; ele está enganando você, mesmo que esse guru seja denominado com qualquer título ou reconhecido por muitos, até os pomposos, principalmente aqueles intitulados em outro idioma.

Temos a mania de acreditar que um nome estrangeiro traz credibilidade em sua essência, uma sensação de algo mais chique e renomado. Mero engano. Então deparamo-nos com mais um sistema de tirar o pouco que temos financeiramente, com promessas de sucesso milagroso. Alguns coachings dizem até que podem ajudá-lo a superar traumas, como numa forma de terapia ou algo semelhante, mesmo sem especialidade alguma em psicologia ou psiquiatria, em um curso de final de semana.

As profissões ligadas à saúde mental e os anos de estudos e dedicação para compreender os possíveis caminhos da mente humana, para tratá-la em caso de distúrbios e transtornos, não existem à toa. Esses profissionais passaram anos aprendendo para serem capazes de (tentar) auxiliá-lo na superação dos seus traumas, e mesmo com todo o estudo do profissional, a terapia é um processo longo e delicado. Se fosse simples curar traumas, as pessoas não viveriam com eles nem teriam doenças como ansiedade e depressão.

Um coach não é capaz de curar a sua depressão, como alguns pretensiosamente afirmam. Essa afirmação é um absurdo. A depressão é uma doença psíquica na qual algumas partes do cérebro não funcionam corretamente, além de ter influências hormonais e afins, portanto, exige tratamento medicamentoso como qualquer enfermidade.

Ninguém fala que consegue curar um câncer apenas com pensamento positivo, e com a depressão não é diferente, não é algo que depende apenas da vontade e do esforço do enfermo, como alguns chegam a afirmar. É uma condição mental que faz com que o paciente realmente não consiga, por mais que tente ou mentalize, viver normalmente.

Sendo assim, um coach, profissional que não tem nenhuma autorização de fazer consultas e muito menos de medicar, é incapaz de curar uma depressão, traumas etc. O coaching não tem nada de científico, não há nenhum tipo de ciência aplicada e nenhuma fundamentação científica. O rigor crítico que a ciência exige para qualquer fundamentação científica necessita de proposições lógicas, de observações estruturadas e controladas, de testes, de comprovação dos fatos e de replicabilidade real.

Não é à toa que existe o método científico para a criação de teste de teorias e leis científicas. Esse processo não é nada simples. Para entender a sua complexidade, vou resumir brevemente o método científico para o estudo de algum fenômeno de qualquer tipo:

- Primeira etapa: observação – coleta de informações para a descrição do que estiver sendo estudado.

- Segunda etapa: questionamentos – para ver características do fenômeno estudado – por que ele ocorre? Com qual frequência acontece? O que o influencia?

- Terceira etapa: hipóteses – o cientista formula algumas hipóteses que possam explicar os questionamentos feitos anteriormente.

- Quarta etapa: experimentação – realizam-se testes para ver os aspectos práticos daquele fenômeno. Conforme os testes são realizados, as evidências são reunidas e as hipóteses vão sendo colocadas à prova, analisando sua veracidade.

- Quinta etapa: análise dos experimentos: a reunião dos dados experimentais juntamente à linha de raciocínio do estudioso, é usada para rejeitar, modificar ou aprovar a hipótese, de modo que ela esteja de acordo com os resultados experimentais.

- Sexta etapa: conclusão – depois de observar, questionar, formular hipóteses, realizar experimentos e analisar os resultados, é possível criar oficialmente leis ou teorias científicas.

Só por esse pequeno resumo já fica evidente o trabalho para algo ter uma fundamentação científica, ou seja, uma validação real, e a técnica de coaching não passou pelas etapas descritas do método científico. Sendo assim, esse novo método não tem nenhuma ligação com a ciência nem provas factuais que o sustentem como algo confiável.

Não existe uma exigência para que o coach tenha uma certificação, portanto qualquer um pode se autointitular coach. Você, leitor, pode amanhã mesmo sair por aí divulgando ser um coach. Nem mesmo é uma profissão, você não verá nenhum anúncio procurando um coaching para um trabalho formal em alguma empresa. Cursos nessa área geralmente são desenvolvidos para emitir uma certificação que não tem nenhum sentido, já que não se exige nada para se intitular como coach; só serve para o ego – tenho certificação em tal e tal curso – e para enganar os ingênuos, que pensam que só pela existência de um certificado e pela realização de um curso o método será, de fato, eficaz.

Apesar de ser algo inútil, as escolas continuam cheias e faturando absurdamente, pois são muitos os que procuram surfar nessa onda. Você encontrará profissionais em todas as áreas que não têm competência para exercê-las. Mas tendemos a acreditar que uma titulação dá credibilidade e habilidades para irmos para o mercado e faturarmos sobre os incautos, portanto, cuidado.

Identifique, da maneira mais honesta possível, qual é seu problema e qual profissional realmente pode ajudá-lo. Problemas existenciais, mentais ou emocionais precisam de profissionais especializados e com formação acadêmica compatível. Cursos, em especial na área de coaching, não são regulamentados, não significam nada, não são nem garantia de conhecimento. Infelizmente, vendem soluções baseadas em suposições empíricas e, na maioria dos casos, enganações.

Estamos sujeitos a entregarmo-nos ao charlatanismo vestido de método científico, e esses pseudoprofissionais confundem, propositalmente, os termos psicoterapia, psiquiatria, consultoria, mentoria, coaching e até misticismo. Na verdade, eles não se confundem, apenas os usam para confundir as pessoas, para colocar todos esses assuntos em um só balde, e vendê-lo com discursos sensacionalistas.

Para termos um pouco de clareza sobre como esses assuntos não devem estar misturados em um só balde, vamos a algumas diferenciações básicas entre esses termos.

Mentoria

Praticada por alguém, com experiência em um assunto, que dá orientações sistemáticas sobre um setor ou tema; não está ligada somente a questões profissionais. Difere do coaching, que não traz suas concepções e experiências pessoais como foco do processo, enquanto a mentoria baseia-se nisso.

Muitas vezes, o coach nem passou por alguma experiência semelhante ao problema que você está relatando. Ele é um mentor? Ele o faz acreditar que sim, cria em você a ilusão de que ele já passou exatamente pelos mesmos problemas, sofrido com eles por anos, e somente após descobrir aquelas técnicas (as quais ele comercializa), conseguiu superar e atingir tamanho sucesso.

É bem provável que ele não tenha nem noção de como é passar alguns dos seus problemas, pois, para aplicar a sua técnica, ele não precisa ter, ele irá vender a mesma solução pronta, com o mesmo discurso ensaiado, não importa qual seja o seu problema – e é por isso que ele não faz questão de entendê-lo. O problema em si não vai mudar em nada a solução apresentada, e é por isso que elas não dão certo. Não são para você nem para aquela situação. São fórmulas prontas, sem estudos, que servem apenas para enganá-lo.

Consultoria

Trabalha com intervenções e diagnósticos feitos em empresas por um profissional especializado no assunto. Pode incorrer na mudança dos processos de uma empresa e tem foco gerencial para evoluir um negócio.

A base da consultoria dá-se pela análise minuciosa dos dados da empresa, seus custos e suas receitas, e quais ações podem potencializar o lucro. Então também se trata de um serviço individualizado, que apresentará diferentes soluções para cada caso. Já o foco do coaching é no desenvolvimento teórico de pessoas, e não de negócios, com soluções padronizadas, sem individualidade, além de ocorrer, na minha opinião, sem ética e profissionalismo.

Psicólogos e psiquiatras

Trabalham com o autoconhecimento, ajudando a identificar e a tratar a ansiedade, o estresse, o medo, a depressão e tantos outros distúrbios de origem psíquica. São profissões que exigem formação acadêmica de anos: um psicólogo estuda, em média, de quatro a cinco anos para poder clinicar; aprende toda a história da psicologia, o desenvolvimento da mente humana, todos os distúrbios e transtornos cerebrais, causas, efeitos e possíveis tratamentos; pratica os mais variados métodos e técnicas relacionadas à área do conhecimento, além de ter experiências práticas por meio de estágios e afins.

Assim, é até desrespeitoso quando alguém se diz capaz de tratar algum dos distúrbios citados apenas fazendo um curso de final de semana e intitulando-se coach. Qual seria a finalidade dos cursos de Psicologia, em que os alunos passam tanto tempo estudando e dedicando-se, se o coaching fosse real? Os coachs, principalmente os que utilizam esse título com o intuito de autopromover-se, usam um discurso sensacionalista, não têm bagagem prática, somente teorias sem embasamento científico.

Esses gurus costumam misturar os discursos de mentoria, consultoria, psicologia e psiquiatria para disfarçarem o misticismo que carregam em sua fala para fingirem que têm a mesma autoridade que os profissionais formados. Ou, ainda, para fazerem você acreditar que eles têm mais autoridade do que esses profissionais, já que se vendem como as pessoas capazes de mudar a direção da sua vida e corrigir todos os tipos de problemas que os graduados de outras áreas não resolveram.

Ao utilizar o título de coach, o indivíduo passa a ideia de que é renomado, como fazem milhares de profetas de autoajuda, os quais só visam ao lucro. Por que alguns, com uma sólida formação em psicologia e psiquiatria, ou que têm um trabalho prático na área de consultoria ou mentoria, chamam a si mesmos de coach? Porque está na moda, é o que está sendo comentado na mídia, e quando algo está na moda e na mídia, é mais fácil vender, é sofisticado e transmite a ideia de que se trata de algo que funciona.

Saia dessa, a invenção de suposições fajutas não são base alguma para se trabalhar com o psicológico. Já disse e volto a afirmar, a maioria dos cursos nessa área, se não todos, não levam em consideração a individualidade do ser humano e todas as suas nuances, apenas criam um método de análise que serve como uma prova matemática, algo simplificado e padronizado, que acreditam servir para qualquer tipo de pessoa. Já temos problemas demais em nossas vidas para nos atermos a essa simplificação, e já temos idade o suficiente para saber que soluções mágicas, universais, rápidas e fáceis só dão certo em contos de fadas e histórias em quadrinhos.

Se você der atenção a esses profissionais, criará mais uma expectativa, sairá frustrado, o que lhe trará outro problema. E o pior, um problema que você pagou para ter, no qual gastou o seu dinheiro acreditando que seria uma solução, mas que só lhe trará ilusões e uma nova dívida.

Hoje, também está na moda a perspectiva de você utilizar a filosofia como um método de análise de problemas existenciais. Apesar de a filosofia dar-nos uma visão de mundo mais prática do que outras as análises – sejam elas psicológicas, psiquiátricas etc. – em alguns casos específicos também pode ser necessário utilizar algum tratamento medicamentoso, receitado por um psiquiatra, para gerar as respostas da mente a certos estímulos, até achar-se uma forma mais amena de lidar com alguns problemas que surgem de maneira traumática.

Resumindo: você precisará resolver seus problemas sozinho, mudando o seu jeito de agir. Seus problemas não serão resolvidos apenas com uma mentalização positiva nem com métodos prontos. Distúrbios psíquicos devem ser diagnosticados e tratados por profissionais da área da saúde. Só eles são capazes de oferecer uma solução e ela, com certeza, não será apenas um discurso de autoajuda com palavras complexas e bonitas (que, muitas vezes, você nem saberá o significado).

Portanto invista seu dinheiro em profissionais que realmente são capacitados a resolverem o seu problema e não se deixe continuar sendo enganado por estelionatários que se chamam de donos de todas as soluções. Afinal, eles não são donos de solução alguma.

academias de ginástica/modeladoras

o corpo de nadador

Exercitar-se é necessário? Sim. Faz bem à saúde? Sim. Quem se exercita tende a ter uma vida mais saudável e menor probabilidade de desenvolver muitas doenças, mas... você já notou que nas academias a publicidade sempre é de pessoas com um corpo escultural? Nunca mostram corpos como o da maioria das pessoas. Pelo contrário, são sempre jovens, atléticos, bonitos, saudáveis, com aquela conhecida beleza de novela.

Aí já começa o engano e a sua venda, assim como a área também inventa diversos nomes para vender-nos a ideia de que se trata de um método único, que resolverá seu problema e suas insatisfações. O termo *fitness* instalou-se em diversas modalidades, e têm para todos os gostos, agrupando exercícios diversos, dos mais leves aos mais intensos, para ganhar músculo ou para modelar o corpo.

A prática de movimentos para cuidar do corpo, um conglomerado de ações, chamadas aqui de ginástica, desenvolveu-se a partir de exercícios inventados na Grécia antiga, mas só ganhou força na Europa, no final do século XVIII, que focava em movimentos lentos e ritmados. A escola sueca introduziu aparelhos desenvolvidos para isso, e ao longo do tempo surgiram inúmeras modalidades, tais como ginástica olímpica, ginástica rítmica, ginástica esportiva e ginástica aeróbica, esta última conhecida como ginástica de academia.

A partir delas começou-se a venda de corpos sarados e exercícios para uma série de utilidades, como: redução de gordura, musculatura para concursos, modelagem corporal etc. Aqui temos exemplos de alguns tipos de exercícios físicos e algumas modalidades esportivas encontradas por aí:

Pilates.

Crossfit.
Artes marciais.
Zumba.
Ioga.
Lutas diversas.
Danças.
Natação.
Treinamento funcional.
Jiu-jitsu.
Halterofilismo.
Musculação.

Hoje, o Brasil é o segundo país do mundo na modalidade ginástica. Segundo a Associação Internacional de Fomento ao Universo de Saúde e Exercícios, em 2018 tínhamos 34.500 estabelecimentos dos mais diversos tipos – número que cresce anualmente.

Mas aqui faremos uma reflexão: por que o mercado *fitness* cresce tanto a cada ano? Com qual intuito real as pessoas estão deixando de praticar outros esportes mais comuns, como o futebol ou o vôlei, para frequentarem academias? Antigamente, era comum as pessoas irem às academias para aprenderem tipos de defesa pessoal. Nada contra, mas, se for só por isso, fazendo um paralelo, quem tem uma arma já está seguro – porém eu discordo totalmente deste posicionamento.

O problema é que, por saberem alguma luta de defesa (ou até por terem uma arma e saber usá-la), muitas vezes as pessoas começam a cometer um equívoco comum: achar que estão aptas a protegerem-se de qualquer situação, e esse engano pode provocar danos irreparáveis.

Digo que é um equívoco porque muitos casos terminam em morte ou ferimentos graves das vítimas que reagem. Se a vítima tem armas consigo ou em casa, esses números são ainda mais alarmantes. Filmes, principalmente orientais e americanos, com personalidades como Sylvester Stallone e Bruce Lee, contribuíram bastante para a difusão dessas lutas como algo superdescolado, da moda, *cool*.

No início, esse espaço, que era predominantemente masculino e era dominado por uma predominância estética específica, passou a ser referência para uma vida saudável, incorporando a figura feminina à tela. Como em todo mercado, é necessário nomes pomposos e modernos para vender uma ideia de exclusividade para segmentar, atrair e convencer o público.

Low Cost, Full Service, Boutique e Academia de Nicho. Nomes chiques para facilitar a comercialização. Ninguém duvida de que, como já dissemos no início, o exercício leva a uma vida mais saudável. O problema começa com a teoria da enganação, já mostrada em capítulos anteriores e presente em várias áreas da vida cotidiana.

Rolf Dobelli (1966-), na obra *A arte de pensar claramente*, dá-nos a verdadeira dimensão desse sistema que nos engana ou como enganamos a nós próprios. Ele conta a seguinte história:

> Nassim Nicholas Taleb, famoso escritor, tomou a decisão de fazer alguma coisa contra os quilos a mais que não conseguia perder.
>
> Analisando o corpo de diversos atletas, verificou que a maioria das pessoas as quais praticavam corrida lhe davam a impressão de serem muito magras e infelizes.
>
> Como se não pudesse ingerir nada do que tivessem vontade.
>
> As que faziam musculação pareciam largas demais e tolas, por aparentarem sempre estar mais focadas na estética.
>
> Os jogadores de tênis, ah, classe média alta!
>
> E a maioria com um intrínseco ar de superioridade por praticarem um "esporte de elite".
>
> Mas gostou dos nadadores.
>
> Tinham um corpo bem-feito e elegante.
>
> Então decidiu entrar duas vezes por semana na água clorada da piscina local e treinar para valer.
>
> Demorou um tempo para perceber que tinha caído em uma armadilha de ilusão.

Os nadadores profissionais têm aquele corpo perfeito não porque treinam muito diariamente; é diferente, são bons nadadores porque são feitos assim, sua constituição física é um critério seletivo, não apenas resultado de suas atividades. Percebeu a diferença?

Para sua saúde, ótimo, faça exercícios. Para sua estética? Veja primeiro qual o seu objetivo e o seu biotipo. Sei que isso não é o que a maioria das pessoas gostaria de ler, mas alguns corpos simplesmente não são para você e, provavelmente, será impossível atingi-los, não importa o quanto você se esforce, pois as pessoas têm diferentes biotipos, diferentes estruturas ósseas.

Por exemplo, algumas têm estruturas ósseas grandes, largas, e para essas pessoas é praticamente impossível atingir um corpo magro como o da Gisele Bündchen, modelo que tem uma estrutura óssea diferente das mais comuns. A busca por um corpo incompatível à realidade da pessoa só gera frustração e perda de tempo, pois ela nunca terá um corpo de nadador profissional se não tiver a genética a seu favor. Não deixe que lhe vendam isso.

Modelos femininos são expostos nas academias como se fosse possível alcançar aquele ideal somente com seus esforços. Acredite em você. Você pode melhorar, sim, e inclusive tornar-se muito mais saudável, mas nunca será uma Gisele Bündchen. Modelos como ela não se tornaram bonitas e com corpo escultural com a ginástica. Elas nasceram bonitas e com o corpo escultural e isso as levou a serem modelos.

Preste atenção, não estou dizendo que essas pessoas não têm nenhum tipo de cuidado para manter aquele corpo dos sonhos (para essa área). O que estou dizendo é que foi algo que, com seus esforços, foi possível de ser atingido devido à sua genética. Obviamente, há um imenso cuidado com a alimentação e a aplicação de procedimentos estéticos constantes, mas a questão é que, para a maioria das pessoas, esses corpos não são possíveis de serem atingidos – pelo menos não de maneira saudável – nem com muito esforço.

Por isso não adianta iludir-se achando que com algum treino, seja qual for e em um grande nível de intensidade, será possível atingir o corpo sonhado, dependendo de qual ele for. O que é possível é você melhorar o seu corpo até o máximo que ele pode chegar. Como na natação, a beleza é um critério de seleção, não um resultado obtido com a prática. Esse caso ensina-nos que quando confundimos critérios de seleção e resultado, caímos na ilusão do corpo de nadador, o que é útil para muitos, já que sem essa ilusão, metade das peças publicitárias não funcionaria e os produtos milagrosos não seriam vendidos.

Moral da história: antes de entrar na piscina, dê uma olhada no espelho e seja sincero com você mesmo. Escolha lutar somente as batalhas que sejam possíveis de serem vencidas, tendo disciplina e almejando pequenos ganhos de forma constante e consistente. De nada adianta desejar e esforçar-se para ter um corpo que jamais será seu. Seja realista e trata-se com carinho.

Então não acredite em milagres nem na comercialização deles. Pratique os esportes que você gosta, com o intuito de melhorar a sua saúde. E, se for para melhorar o corpo, que seja sempre com metas plausíveis.

8

dietas

(milagres inexistentes)

Dieta Ravenna
Dieta Dukan
Dieta Paleolítica
Dieta dos 22 dias de Beyoncé
Dieta da Cabala
Dieta branda
Dieta pastosa
Dieta líquida
Dieta líquida completa
Dieta líquida restrita
Dieta do ovo
Dieta endomorfa
Dieta ectomorfa
Dieta *bulking*
Dieta hipercalórica
Dieta para não envelhecer
Dieta pescetariana
Dieta do lixo
Dieta de South Beach
Dieta do tipo sanguíneo
Dieta de 1.200 calorias
Dieta do guerreiro
Dieta da zona
Dieta de baixo teor de gordura

Dieta *low carb*
Dieta da sopa
Dieta do suco
Dieta da proteína
Dieta do ovo
Dieta do abacaxi
Dieta de desintoxicação
Dieta da lua
Dieta do metabolismo rápido
Dieta do chá verde
Dieta do suco verde
Dieta do jejum líquido
Dieta do suco de limão
Dieta do ovo cozido
Dieta do limão
Dieta dos pontos
Dieta sem carboidratos
Dieta sem sal
Dieta do abacate
Dieta do mel
Dieta da proteína magra
Dieta do chá de hibisco
Dieta do suco de beterraba
Dieta da banana
Dieta de alta proteína
Dieta vegetariana estrita
Dieta pós-parto
Dieta da meia-idade
Dieta anti-inflamatória
Dieta do mel e canela

Novamente, ufaaaa! Como disse Tim Maia,

> Fiz uma dieta rigorosa, cortei álcool, gorduras e açúcar. Em duas semanas perdi 14 dias.[51]

Da mesma forma que autoajudas, gurus e religiões, as dietas têm inúmeras nomenclaturas, cada uma prometendo exatamente aquilo que você deseja, caso a siga. Existem incontáveis livros e profissionais que se aproveitam da baixa autoestima de milhares de pessoas, sejam problemas de imagem ou de saúde, e, como sempre, vendem soluções genéricas para problemas específicos.

Como é um setor que mexe com uma série de fatores, inclusive de saúde, que podem levar a problemas sérios, não existem milagres nem caminhos curtos. Por isso deveria ser proibido vender qualquer tipo de livro que se proponha a dizer o que cada pessoa, individualmente, deve e pode fazer por conta própria sem colocar em risco a própria saúde.

Como vivemos em um mundo em que muitos pensam somente em enriquecer com a desgraça alheia, infelizmente isso deixa de ser uma verdade, e os males provocados pela cultura "faça você mesmo por meio da minha fórmula" estão muito além da estética e afetam justamente as pessoas que buscam, a baixo custo (e dedicação), resolverem seus problemas com o espelho.

Para, de fato, solucioná-los, procure sempre um profissional habilitado, qualificado e responsável, que vai orientá-lo de maneira individual para que você atinja seus objetivos sem colocar a sua saúde em risco e, inclusive, melhorá-la.

Vemos casos de pessoas que, pensando somente nas questões estéticas, buscam soluções alimentares imediatistas, sem nenhum tipo de assistência e planejamento em longo prazo, ou mudam os padrões alimentares de tal forma que acaba causando dores de estômago e de cabeça, tonturas, enjoos, perda de unhas e cabelos, dificuldade de concentração, diminuição de massa muscular, baixa imunidade, fraqueza, entre outros.

Quando você opta por eliminar apenas um ou outro grupo de macronutrientes da sua alimentação, por exemplo, a ingestão dos outros nutrientes não é capaz de fornecer tudo o que seu corpo necessita,

---

[51] MOTTA, Nelson. *Vale tudo*: o som e a fúria de Tim Maia. São Paulo: Objetiva, 2007.

pelo menos não nas quantidades e proporções corretas, causando déficit de vitaminas, minerais e outros componentes necessários para sua saúde. Isso sem levar em conta outros males, até com seriedade maior, como a síndrome metabólica, caracterizada por uma série de disfunções do organismo, ou o famoso efeito sanfona, caracterizado pela perda e pelo ganho de peso em ciclos repetidos, às vezes em curtos períodos de tempo.

As causas dessa procura desenfreada de adaptar o próprio corpo à moda do momento são distúrbios psicológicos que nada têm nada a ver com o sistema nutricional. Baixa autoestima, perda de motivação no trabalho, fim de um relacionamento, morte de entes queridos, abusos sofridos e não equacionados, tudo isso pode levar-nos a procurar uma solução milagrosa que não existe. Isso sem contar que a televisão, a mídia em geral e, principalmente, as redes sociais, são grandes propagadoras de dietas milagrosas, sem nenhuma comprovação científica de sua eficácia.

Os programas televisivos em que essa questão é levada a termo são de extrema irresponsabilidade e deveriam ser enquadrados como *fake news*, punidos de acordo com a legislação vigente, talvez uma das mais graves, por influenciar pessoas a terem comportamentos que colocam em risco não só a sua saúde física, mas também mental (opinião pessoal).

É como induzir você a acreditar que com determinada dieta você se tornará o que eles vendem como beldade, como a modelo que exibe os produtos dietéticos para a venda. Puro estelionato. Além do fato de que essas modelos, exibidas para convencê-lo a consumir aqueles produtos, na maioria das vezes não são pessoas que levam a mesma vida que você e a maior parte das pessoas, com filhos, trabalho e apenas uma hora livre ao dia para exercitar-se, ou nem isso. Não, provavelmente elas são pessoas cujos trabalhos incluem cuidar do corpo, portanto dedicam várias horas diárias à prática de exercícios e à estética, em procedimentos que auxiliam muito a chegarem ao corpo dos sonhos.

Mas, claro, ninguém lhe conta essa parte, as propagandas fazem-no acreditar que só com aquele produto ou realizando exatamente aquela dieta maluca, pronto, você atingirá o tão sonhado e tão divulgado padrão ideal. Com quase toda a certeza, aquelas modelos nem realizam a dieta sem pé nem cabeça, nem consomem o produto que vendem, mas você é levado a acreditar que sim. Além disso, as fotos são editadas em programas de computador.

Não se engane. Querer, por exemplo, emagrecer de maneira fácil, sem uma efetiva mudança de hábitos e em pouco tempo, na maior parte dos casos resulta em frustração e desânimo. Infelizmente, esse é um mercado que gera lucros milionários para criminosos que se aproveitam da sua fragilidade para enganá-lo – e eles não vão parar. Inclusive, em muitos casos eles têm a conivência de determinados "conselhos profissionais", que deveriam opor-se a esse festival de inverdades.

A privação de uma alimentação balanceada pode levar uma pessoa a encontrar alívio para o estresse na comida, induzindo-a a um caminho muito perigoso: a compulsão, uma atividade repetitiva, excessiva e sem sentido que, por meio da autossabotagem, na tentativa de evitar aflições ou preocupações, gera prazer instantâneo.

Para que você não caia nessas armadilhas, é importante, antes de tudo, definir metas possíveis. Se você determinar metas inatingíveis, propostas, na maioria das vezes, por esses profissionais da fé messiânica, além de frustrar-se, você pode colocar a sua saúde ou a sua vida em risco.

A compulsão é um comportamento que supostamente ajuda a reduzir o desconforto psíquico gerado por fatores como a depressão ou a ansiedade. É como se fosse uma imposição interna, uma regra ou uma espécie de "mandamento", que o indivíduo não consegue deixar de realizar. A compulsão pode tornar-se frequente e exercer influência em diversas partes da vida do indivíduo, com implicações indesejadas e acompanhada com traços (pequenos ou grandes) de obsessão.

Outra característica desse mercado é vender a dieta da moda. Em cada época vende-se uma dieta específica que algum "artista" diz seguir e que está fazendo milagres. E juntamente a essas dietas malucas são vendidos alguns "patrocinadores" – medicamentos, receitas milagrosas, academias específicas –, associados a pessoas interessadas nesse lucro. Vamos a algumas dietas que são ou já foram modas passageiras.

Dieta sem carboidrato

Além de ser uma dieta difícil de você manter no dia a dia – visto que a maior parte dos alimentos tem pelo menos um percentual da sua composição de carboidrato –, causa uma série de problemas na maioria das pessoas, como: fraqueza, tonturas, constipação intestinal, dor de cabeça, irritabilidade e desânimo. E isso não acontece à toa.

Os carboidratos são uma das principais fontes de energia do corpo humano, inclusive fornecendo-a rapidamente, devido ao seu curto tempo de digestão quando comparados às proteínas, por exemplo. Por essa razão, o corpo precisa passar por uma grande adaptação – que não funciona para todo mundo – para conseguir energia rápida de outros alimentos. Então, ao invés de excluí-los, é mais interessante apenas trocá-los por alimentos com carboidratos mais complexos ou com baixa carga de carboidratos e índice glicêmico, como frutas, raízes e cereais.

Dieta com restrição de proteína

As proteínas prolongam a saciedade, então, para que você perca peso efetivamente, é necessário um consumo de proteína adequado ao seu peso e ao seu porte físico, inclusive para que você consiga minimizar a perda muscular e para que seu emagrecimento não gere muita flacidez corporal.

Claro, algumas pessoas precisam de uma dieta com percentual menor de proteínas, como quem se encontra em tratamento de insuficiência hepática ou semelhantes, que necessitam de alimentação específica, com acompanhamento médico e nutricional. O problema está na divulgação de que a restrição de proteína gera um emagrecimento rápido e saudável, como se isso fosse bom para qualquer pessoa e pudesse ser colocado em prática de maneira tão simplista. Reduzir drasticamente a quantidade de proteínas consumidas por um indivíduo sem indicação e acompanhamento adequado pode trazer resultados arriscados.

Dieta sem glúten e lactose

Mito que achar que alimentos sem esses dois itens são mais saudáveis ou que retirar o glúten e a lactose do seu dia a dia realizará milagres no emagrecimento. É mais um caso, como o da restrição de proteínas, de uma dieta que a limitação só deve ocorrer se você tiver alguma intolerância comprovada a algum deles.

Para as pessoas que não podem consumi-los ela pode, sim, ser adequada – novamente, se feita com acompanhamento nutricional. Já para aqueles que só se iludem com as ideias de que um tipo ou outro de nutrientes são os vilões da dieta e os causadores de todo o corpo que foge ao padrão, essa será só mais uma dieta milagrosa que, provavelmente, resultará em frustração.

Dieta de produtos light ou diet

Já vi muitas pessoas pensando que essa versão dos alimentos é sempre mais saudável, mas a grande maioria não sabe que esses produtos costumam ter aditivos químicos, estabilizadores e conservantes para compensar as baixas calorias. Muitos nutricionistas afirmam que é melhor consumir moderadamente produtos naturais e fugir de produtos vendidos como *fitness*. Chás emagrecedores, bebidas lácteas de baixa caloria ou enriquecidas é só um engano de rotulagem marketeira.

Dieta do peso ou porções

É muito difícil emagrecer de maneira eficiente ou melhorar sua saúde controlando o peso (ou o tamanho das porções que você ingere) sem levar em conta o potencial nutricional de cada ingrediente das suas receitas. Se fosse simples assim, comer apenas alface, que pesa menos, resolveria o seu problema. De novo, o seu corpo necessita de diversos tipos e quantidades de nutrientes para funcionar corretamente.

Dieta intermitente

É uma das últimas dietas da moda e conta com diversas modalidades, como pular refeições, permanecer várias horas sem comer ou comer menos de 500 kcal em alguns dias da semana – o conhecido jejum –, mas que não tem provas de que traz algum benefício para o organismo. Também não é milagroso para o emagrecimento se a pessoa continuar ingerindo uma grande quantidade de calorias nos momentos em que deve alimentar-se. O que gera emagrecimento é o déficit calórico, ou seja, consumir menos do que o seu corpo gasta diariamente, independentemente do horário e do intervalo de tempo em que essas calorias serão ingeridas.

Hoje é consenso que se alimentar de três a quatro vezes ao dia, respeitando a dieta proposta por pessoas qualificadas, é o ideal para manter a sua saúde em dia. Ficar muito tempo sem alimentar-se pode ter efeito contrário, aumentando seu apetite e resultando em refeições mais calóricas e gordurosas.

As dietas citadas são apenas alguns exemplos de como nos vendem, por meio de um marketing enganoso, aquilo que interessa ao fabricante de determinados produtos ou profissionais que só se preocupam com o financeiro. Na realidade, é apenas mais uma maneira encontrada para iludir pessoas que acreditam em soluções rápidas e milagrosas para problemas que necessitam de tempo e dedicação para serem resolvidos.

Não existe um produto que seja a solução mágica e encapsulada de todos os seus problemas. E, muito provavelmente, essas dietas também não vão resolvê-los, pois como elas são difíceis de serem mantidas em longo prazo, você provavelmente irá realizá-las por um tempo, podendo até emagrecer, mas depois voltará aos seus antigos hábitos.

Se esses antigos hábitos forem a razão do seu antigo peso, é bem provável que retornará a ele – se não a um peso maior –, o que resultará em decepção, que, por sua vez, pode levar à compulsão alimentar, em um ciclo vicioso.

É por isso que tantos nutricionistas afirmam que dieta boa é aquela que você consegue manter em longo prazo e que se encaixe em seu estilo de vida, remodelando hábitos e gerando a conhecida reeducação alimentar.

Não se deixe enganar pelos gurus que vendem alguma ideia diferente disso e faça escolhas que lhe proporcionem saúde e satisfação em longo prazo. Ou seja, com acompanhamentos médico e nutricional que lhe digam como é o jeito ideal para você, com suas características individuais, alimentar-se diariamente.

9

medicina estética

o mercado da beleza impossível
(como ficar bela e infeliz)

A indústria da beleza tem uma grande destreza na área de comunicação, com intensa linha de caracterizações e sugestões de padrões físicos que poucos seres humanos podem alcançar ou até almejar. Em redes sociais, televisão, sites, revistas, desfiles, filmes, replicam padrões estéticos que se aplicam a pouquíssimos seres privilegiados pela natureza, tornando impossível comparar tais atores a nós, membros da grande diversidade humana. Os padrões de beleza também deveriam levar em conta que em cada país ou comunidade eles são completamente diferentes dos sugeridos pela mídia tradicional.

A medicina estética pegou carona na venda da beleza e monetizou-a de forma afrontosa. Existem diversos programas televisivos mostrando exclusivamente operações estéticas das mais diferentes formas para aqueles que não se conformam em se parecerem com eles mesmos, buscando a aparência de modelos, astros ou *influencers* do momento.

Mas há um lado extremamente perverso que os gurus da beleza criam: pessoas com problemas psicológicos em pessoas com baixa autoestima ou problemas de socialização, com sentimento de falta de pertencimento ao grupo e que passam por uma série de outros fenômenos relacionados à aparência física, acreditam que uma cirurgia resolverá seu problema. Falei um pouco sobre isso no capítulo anterior, quando comentei sobre o corpo de nadador.

Porém se todos gostassem do amarelo, o que seria do azul? Padrões não deveriam existir, e o que existe, na verdade, é uma manipulação para ganhar dinheiro fácil, chamada de ditadura da beleza, padrões impostos pela indústria da moda e dos cosméticos, principalmente sobre o sexo feminino.

Para ver como os padrões de beleza mudam com o tempo é só procurar pinturas da nobreza em que o corpo roliço das mulheres era considerado o mais desejado e bonito. Quando a fome era endêmica, o padrão de beleza cultuado era o da célebre Vênus de Willendorf, ou seja, gordinho. A escultura de barro desse período paleolítico exposta no Museu de História Natural de Viena mostra como os padrões mudam dependendo da época.

No século XIX, em que a população em geral passou a ter silhuetas avantajadas, a magreza deixou de ser sinônimo de fragilidade e ganhou o status de beleza a ser alcançada a qualquer custo, inclusive com todos os riscos inerentes a essa busca insana. Mesmo quem tem fatores genéticos ou outros distúrbios, se for gordo será taxado de preguiçoso, desmotivado ou desleixado. A obesidade é uma epidemia que deve ser tratada, pois inclui riscos à saúde, e o desrespeito com a imposição do padrão "magreza" traz riscos letais em alguns casos.

Já em estátuas gregas, o modelo de perfeição era uma estética única e praticamente, como já dissemos, impossível para a maioria. Para expandir o mercado, a indústria da beleza inclui em seu portfólio o masculino. Com a ampliação do reconhecimento LGBTQIA+, a imposição de padrões aceitáveis abrangeu toda humanidade, inclusive, criminalmente, as crianças. Se você verificar, a maioria de bonecas e bonecos seguem um padrão que não corresponde ao ideal de corpo de uma criança: são magros, musculosos, super-heróis etc.

Claro, para que ficar restrito somente a alguns gêneros se podemos abranger a humanidade toda? Padrões de magreza, que escondem transtornos psíquicos e alimentares, faz com que muitos jovens desenvolvam problemas como a anorexia, que pode levar à morte.

Essa escravidão imposta por esse padrão produz uma guerra contra o espelho e gera uma rejeição terrível, com pessoas que não se encaixam, que se tornam solitárias e perdem o prazer de viver por estarem inconformadas com seu físico. Elas controlam de maneira obsessiva a ingestão de alimentos, sem nenhum critério de saúde, simplesmente para serem aceitas por uma sociedade doente e hipócrita; adquirem acessórios caros e, o maior perigo, sujeitam-se a cirurgias desnecessárias, com risco de vida, somente para se enquadrarem em alguns conceitos societários.

Existe até publicidade sugerindo que se você quer encontrar um marido, não saia com amigas bonitas, saia com duas amigas feias, ou melhor, venha ao meu consultório que resolveremos seu problema de autoestima. No quesito cirurgias plásticas, temos a conivência de uma parcela da sociedade e de órgãos que deveriam posicionar-se com mais clareza e veemência, tais como os Conselhos Médicos.

No já citado livro *A arte de pensar claramente*, de Rolf Dobelli, isso é chamado de "efeito contraste", um erro frequente de pensamento. Nem só de físico e espelho vive-se, ou você torna-se uma pessoa que nem todos desejam ter como parceiros ou amigos. Existem muitas qualidades que levamos em conta quando queremos nos relacionar com outro ser humano, não se deixe enganar. Para mim, quem vende essa ideia estética deveria ser denominado de guru de autoajuda, pois só ajudam a si mesmo. Vejam alguns padrões de beleza impostos para as mulheres:

- Barriga chapada.
- Lábios carnudos.
- Corpo pera ou maçã.
- Rosto simétrico.
- Pele uniforme.
- Envelhecimento retardado.
- Tipos de sobrancelhas.
- Rosto sem rugas.
- Nariz pequeno.
- Altura mínima etc.

Isso sem contar a indústria de maquiagens. A influência da mídia nos padrões de beleza impostos por ela mesma exerce uma influência deletéria, em que nossos direitos como cidadão são desrespeitados. Em uma sociedade que se diz democrática, a indústria da beleza está tornando-nos escravos. Felizmente, com o advento da revolução feminina, com mulheres tornando-se protagonistas de seu destino e desejo, essa indústria está na contramão da história, e o massacre diário da mídia é contradito por aquelas que conseguem perceber como as companhias são manipuladoras. Ainda assim, muitos procuram por essa estética vendida como solução mágica. Por quê?

"Prova social", um fenômeno psicológico pelo qual as pessoas assumem as ações de outras na tentativa de refletir o comportamento correto para uma determinada situação. Ou seja, é a noção de que, já que outros estão fazendo algo, eu deveria fazer também, recentemente revigorada com a sigla em inglês FOMO, *fear of missing out*, ou o medo de estar perdendo algo. Pura manipulação psicológica.

Para explicar melhor como isso acontece, vamos imaginar um caso: você vai sair para comer e vê dois restaurantes: um está com fila para entrar e o outro está vazio. Em qual você deposita as suas fichas para ter uma refeição de qualidade? Eu aposto que você entraria na fila do restaurante que está com a casa cheia, pois as pessoas espelham-se em outras para tentar não cometer erros e, como já dizia o poeta, não é porque a multidão caminha para um lado que esse lado e o certo.

A prova social é usada e abusada em marketing para vender qualquer coisa, inclusive a estética ideal, para que alguém ganhe dinheiro. Sem perceber, tornamo-nos um número em um rebanho, sem levar em consideração nossas preferências e nosso biotipo. Deformamos nosso corpo para enquadrarmo-nos em um padrão que muda com o tempo, e que nos impõe suas preferências e seus estereótipos.

Mais uma da lógica de que tudo que o homem pode ele monetiza, porque, além disso, tais indústrias são majoritariamente controladas por homens. E para a sociedade atual, nada é mais fácil do que vender o sucesso como um padrão estético que poucos conseguem alcançar, pelos charlatões que comercializam o perigo real.

Pessoas sem qualquer escrúpulo e muitas vezes sem formação adequada propõem-se a realizar procedimentos estéticos como solução milagrosa, colocando em risco a vida de inocentes. Com valores atrativos e formas de pagamento facilitadas, convencem quem tem baixa estima a sujeitar-se a cirurgias em ambientes precários, sem condições de atender aos requisitos mínimos necessários para tais intervenções. Tudo que vendem é a ilusão de que seus problemas psicológicos serão resolvidos com uma recauchutagem na sua lataria.

Infelizmente, tenho certeza de que existem inúmeros casos de procedimentos falhos que não são reportados e não entram para as estatísticas. Portanto não se arrisque, se algo em você te incomoda, tente ver o porquê do incomodo para além da parte estética, pois o problema pode ser mais profundo do que você imagina. Rejeição de um ente querido, rejeição na infância, *bullying* maldoso, desprezo por outros motivos que não estéticos etc. Na área avaliativa, um profissional qualificado ou uma equipe multiprofissional é o que melhor poderá atendê-lo, muito melhor do que os gurus de plantão que só estão interessados em seu dinheiro.

Como desenvolveu Bauman em seus diversos livros, vivemos a era da liquidez, em que tudo é líquido e incerto, mesmo a estética. Se você atentar-se para um passado não longínquo, 40 anos talvez, houve infinitas mudanças de comportamento nessa área e o mundo continua mudando, em constante movimento, de acordo com o mercado a ser atingido, e da maneira mais lucrativa possível.

Substâncias milagrosas e procedimentos invasivos, desde que lucrativos, são o cerne do mercado da beleza e da medicina estética, tão promissores que, recentemente, surgiram diversas franquias que padronizam o atendimento e os procedimentos como se você fosse apenas mais um cliente a ser disputado e sagrado. Tem para todos os gostos e bolsos, é só você definir o quanto quer investir que achará facilmente diversas propostas na internet, cada uma mais tentadora que a outra. Existe até *black friday*[52] de planos de saúde estética. Olhe onde chegamos.

---

[52] *A black friday* é um evento comercial iniciado na década de 1970, nos Estados Unidos da América, e marca o início da temporada de fim de ano de vendas para o Natal. Tornou-se uma das datas mais lucrativas do comércio estadunidense e espalhou-se pelo mundo.

10

as pseudociências

hipnose, PNL, parapsicologia e otras cositas más

Por alguma razão, este capítulo é o mais curto deste livro.

Ao lado da psicanálise, a hipnose surgiu como uma técnica médica para tratar diversas doenças no século XIX. A denominação hipnose vem do grego *hipnos* (sono) e do latim *osis* (processo), e foi cunhada pelo estudioso James Braid (1795-1860) sob a crença de que os pacientes em estado hipnótico estariam em uma espécie de sono controlado. Essa antiga ideia, contudo, não é real. Os pacientes em estado hipnótico não estão realmente dormindo, embora pareça que sim. Entretanto o nome permaneceu, visto que seu uso já estava consagrado popularmente.

A hipnose também foi a base dos estudos de Freud para a formulação da psicanálise. Apesar de essas disciplinas terem se separado um tempo depois, a psicanálise surgiu com o intuito de estudar e compreender o inconsciente humano – algo que era muito atribuído às técnicas de hipnose clássicas.

Os adeptos dessas técnicas afirmam que o acesso ao inconsciente, que muitos acreditam ser proporcionado pela hipnose, é alcançado por meio da indução ao estado de "transe", o qual especialistas afirmam ser um estado mental em que é mais possível a sugestionabilidade. Tal estado é utilizado, como já citado anteriormente, para mudar hábitos considerados negativos, diversos aspectos comportamentais ou pensamentos indesejados. Em geral, o paciente é introduzido ao estado hipnótico por um procedimento com uma sequência de comandos falados e sugestões – usados para conseguir do hipnotizado uma consciência periférica reduzida e grande atenção e foco às sugestões.

Exatamente por estar nesse estado de atenção e foco guiados para as sugestões, o transe não se assemelha ao sono – tendo até ondas cerebrais e frequências bem distintas do que as emitidas enquanto o paciente dorme. Esse estado de transe foi primeiramente relatado pelo aristocrata francês Amand-Marie-Jacques de Chastenet (1875-1825), que descreveu que a utilização de ímãs no corpo de um paciente teria gerado uma canalização de fluidos que seria capaz até de tratar doenças, além de controlar crises.

Esse relato ocorreu porque a psicologia da época afirmava que o corpo humano tinha fluidos magnéticos e astrais que poderiam sofrer problemas e, com isso, gerar crises. Então o guia ao estado de transe foi associado ao controle desses fluidos. Chastenet descreveu que o paciente estava em um sono estranho. Porém, mais alerta e atento. Além disso, foi relatado que esse estado proporcionou até a capacidade aos sujeitos de diagnosticarem as próprias doenças e prescreverem os tratamentos. Quando o estado de transe tornou-se foco de estudo do campo terapêutico, outras teorias foram propostas, como a de James Braid, que em 1841 propôs uma nova teoria baseada na fisiologia do cérebro, rejeitando a dos fluidos magnéticos.

Já a parapsicologia, ramo da psicologia que estuda fenômenos que parecem transcender as leis da natureza, como a telepatia e a premonição, é constantemente associada com a hipnose. Isso ocorre, pois muitos pacientes, no estado de transe em sessões de hipnose, relatam fenômenos que parecem estar associados à Parapsicologia – ou a ocorrências espirituais.

Segundo especialistas, isso ocorre porque o estado de transe torna propício o acontecimento de percepções extrassensoriais, ou seja, fenômenos em que há a capacidade de constatar a realidade sem a necessidade do uso dos cinco sentidos. Por exemplo: já foram relatados casos em que o paciente tornou-se capaz, durante a sessão de hipnose e a imersão no estado de transe, de ouvir sons ou enxergar objetos ou pessoas sem ser pelo uso comum da visão e da audição. Nesse mesmo contexto, muitos afirmam que, em momentos de hipnose, o paciente tende a ter um melhor desempenho em testes que levam em consideração capacidades como telepatia, precognição (capacidade de prever fenômenos futuros) e clarividência.

Apesar de todos esses relatos e afirmações, é importante atermo-nos às evidências científicas para não nos confundirmos com falácias ou afirmações de fundo religioso, espiritual etc.

Essa separação entre o que foi comprovado e afirmações dogmáticas é importante, pois alguns eventos relatados por pacientes, como percepções extrassensoriais, podem ser, na realidade, apenas estados alterados da consciência. A eclosão e a expressão de tais estados ocorre e forma natural no estado de transe, não sendo necessariamente uma manifestação parapsicológica ou de teor religioso, acontecendo de modo espontâneo ou provocados por sugestões do profissional guia do estado hipnótico, que busca enxergar e estudar outras "partes" – possivelmente subconscientes – do cérebro do paciente.

Acontecimentos como esses fizeram parte dos estudos do psicólogo americano Charles Tart (1937-), escritor de uma série de estados alterados de consciência em geral e particularmente quando ocorrem durante o sono, sonhos, meditação e hipnose, estendendo-se à psicologia transpessoal e a eventos de telepatia.

Tais estudos são possíveis quando acompanhados por um profissional em estados hipnóticos, e o próprio paciente hipnotizado pode (ou não) perceber esses estados alterados de consciência. Muitos entram em transe e não se recordam de nada até voltarem ao seu estado normal, mas muitos também afirmam que viram a sessão e o corpo hipnotizado à distância, ou afirmam que se sentiram sair do corpo – como se pudessem flutuar e deslocar-se a outros locais. A hipnose também costuma ser associada ao acesso a vidas passadas, o que faz com que muitos crentes na ideia de reencarnação sejam adeptos da prática.

Aqui, é preciso reforçar que não existem evidências científicas que confirmem a ligação da prática da hipnose com vidas passadas, da mesma maneira que a ciência não compactua com a crença na existência de reencarnação. Ou seja, o que ocorre nas sessões de hipnose, nas quais são feitos tipos de "investigações do subconsciente", não pode ser determinante nem funcionar como prova para afirmar a preexistência do indivíduo em vidas passadas, nem a existência de reencarnação, como seria a pretensão dos reencarnacionistas.

É importante lembrar que essa falta de comprovação científica também estende-se para a chamada Terapia de Vidas Passadas (TVP), e por esse motivo não devem ser tomadas conclusões precipitadas sobre essas particularidades academicamente incomprovadas – que não passaram pela análise do método científico –, independentemente do envolvimento ou não da prática da hipnose nas sessões de TVP

Contudo, mesmo com todo o misticismo e as dúvidas presentes quando se fala de TVP, também não se pode dizer que não existem evidências da sobrevivência da consciência e, inclusive, da sua existência antes do nascimento. Esse é um dos principais dilemas que faz com que a ciência não consiga explicar e afirmar de maneira exata como uma simples célula advinda da fecundação entre espermatozoide e óvulo transforme-se até gerar todo o corpo sexuado humano. Isso faz com que se crie a ideia, aceita por muitos, de que há algo anterior à carne, ao corpo e a tudo de orgânico.

É essa ideia de algo anterior ao corpo que ancora e fornece força à teoria das vidas passadas: o princípio de que o ser não é apenas um corpo, mas algo além disso – que já existia antes do nascimento e ainda existirá após a morte. Isso foi denominado pelo parapsicólogo Hernani Andrade (1913-2003) de Modelo Organizador Biológico.

Para formular esse modelo foram usadas experiências de diversos fenômenos, como experiências fora do corpo ou de quase morte, mediunidade, aparições, entre outras. Talvez você já tenha ouvido falar sobre esse estudo com outros nomes, já que o modelo de Andrade também é comumente conhecido como duplo astral, psicossoma, corpo astral ou perispírito

Assim, podemos perceber que a hipnose é uma área com muitas facetas e especializações. Elas vão desde as bases da psicanálise e da indução ao estado de transe para a mudança de aspectos pessoais negativos até os relatos de percepções extrassensoriais e afirmações de ligação com a reencarnação ou com vidas passadas.

Tentando resumir a hipnose em uma só explicação, podemos dizer que ela é um estado de semiconsciência, por alguns chamados de "estado de transe", com diversas particularidades. Esse estado de semiconsciência pode ser – e é – utilizado para beneficiar o ser humano em praticamente todas as áreas da vida, como já descrito anteriormente.

Assim, o campo de estudos da hipnose, conhecido como Hipnologia, é uma importante ferramenta da Psicologia, pois pode possibilitar o estudo da mente humana e ser capaz de encontrar respostas impressionantes pelas técnicas que mesclam consciência e inconsciência. Contudo há muito a ser melhor conhecido e explicado.

11

religião

a forma mais antiga de autoajuda (e de transformar você em um servo).

Primeiramente, uma distinção:

- Religião: crença na existência de um poder ou princípio superior, sobrenatural, do qual depende o destino do ser humano e ao qual se deve respeito e obediência.

- Fé: sentimento de total crença em algo ou alguém, que implica uma atitude contrária à dúvida e está intimamente ligada à certeza e à confiança.

Existem e já deixaram de existir inúmeras religiões, aqui entendidas como diferentes crenças em algo superior, desde que o homem se entende como um ser pensante, ou seja, um ser que deixou de ser um animal irracional e tornou-se um animal racional (existem dúvidas a respeito).

Não importa aqui definir se esse algo superior trata-se de um trovão, um sol, ou um ser intangível. O homem, entendido como um ser racional, sempre buscou a origem e o significado da vida. Penso que essa busca incessante existe porque o homem não consegue conformar-se e admitir que é um ser perene, que um dia desaparecerá e não deixará vestígios além daqueles conseguidos em sua pequena existência terrestre. Vida significa existência, do latim *vita*, que se refere à vida. É o estado de atividade incessante comum aos seres, o período que decorre entre o nascimento e a morte. Por extensão, vida é o tempo de existência, duração ou funcionamento de alguma coisa.

Há uma quantidade inumerável de possíveis respostas para a questão "qual é o sentido da vida", que são frequentemente relacionadas ou com a religião ou com a filosofia. O homem está sempre em busca de algo que, como acha em seu íntimo, diferencia-o de todos os outros animais, algo que o torne especial e imortal. Para isso é preciso ter fé. Para ter fé não é necessário ter uma religião. Para acreditar em Deus ou em outra entidade não é preciso ter uma religião.

Para acreditar que você deve ser uma pessoa boa, que não faz nenhum tipo de mal às pessoas à sua volta – pelo menos não intencionalmente –, não é necessário ter uma religião. Contudo – e sempre existe um –, os gurus da fé dizem que você deve ter uma religião para que a sua fé seja validada, o que é um engodo. Muitos dos embaixadores religiosos vendem, como tantos outros oportunistas, uma fórmula mágica que tornará sua vida mais leve, mesmo que para isso você tenha que morrer.

Por que morrer? Você já notou que a maioria das religiões pregam que a vida após a morte, após esta pequena existência terrestre, sempre é a melhor e sem sofrimento? Por que isso? Porque sempre procuramos, como em toda autoajuda, maneiras de facilitar nosso dia a dia e de ajudar a suportar os reveses que a vida nos traz; e porque esses gurus da religião não conseguem provar que realmente existe algo além desse interregno pequeno da nossa existência. E se não conseguem provar, menos ainda são capazes de definir o que será esse algo. Aí criam a ilusão de um paraíso ou de um purgatório além do homem carnal como uma forma de manipular e controlar as atitudes do indivíduo ao longo da vida.

Para ser dominado (e aí entram as religiões), o homem precisa ter medo, muito além de ter fé. Nós somos propensos a sermos dominados, e isso ocorre muito mais pelo medo do que pela promessa de uma recompensa futura.

A dominação pelo medo e pela disciplina não é algo novo na sociedade, já tendo sido debatido no século XVII por Foucault. Em sua obra *Vigiar e punir*, em que é debatida a docilização dos corpos, o autor argumenta que as instituições modernas – como a escola, os hospitais e, inclusive, a Igreja – servem para transformar os homens em indivíduos obedientes e automatizados.

Então instituições religiosas, por exemplo, tentam dominar seus fiéis pela imposição de uma disciplina particular: você deve comportar-se de tal maneira e sob os 10 mandamentos, senão será castigado; você deve frequentar a missa todos os domingos (sem se esquecer, obviamente, do pagamento do dízimo), ou você não será um bom fiel; você deve abdicar dos prazeres terrenos e das luxúrias, ou você não estará vivendo como Deus afirmou ser a maneira correta.

Assim, a Igreja transforma o homem com fé em um corpo dócil e obediente, sem opinião própria, pronto para ser manipulado e, consequentemente, controlado, com afirmações do tipo: "Cumpra suas obrigações para seu Deus ou, então, será castigado", ou: "A recompensa virá somente após o castigo ou a abnegação dos prazeres da vida".

Se, como pregou Spinoza, atermo-nos a viver a vida como ela deveria ser vivida, tenho certeza de que teríamos uma existência muito mais produtiva e feliz. Para quem não conhece Spinoza, aqui vai uma pequena biografia e o que Deus significa para ele.

Baruch de Spinoza (1632-1677) (nome abrasileirado para Espinosa) foi um filósofo holandês considerado um dos principais pensadores da linha racionalista, da qual faziam parte filósofos como o francês René Descartes (1596-1650) e o alemão Gottfried Leibniz (1646-1716). O pensador holandês destacou-se especialmente no estudo da teologia e da política, e um de seus textos mais famosos é seu conceito de Deus, no qual usou a expressão *Deus sive Natura*, traduzido, literalmente, como Deus ou Natureza, com N maiúsculo mesmo.

O autor distingue *natura naturans* e *natura naturata* ao escrever sobre a famosa expressão anterior, apontando para uma distinção conceitual entre um aspecto ativo e um aspecto passivo de uma totalidade suprema para a qual ele não tem um termo específico. Aqui, recorro a Chagas:[53]

> É ainda importante analisar, neste lugar, o que Espinosa entende por *natura naturans* (natureza 'naturante') e *natura naturata* (natureza "naturada'). Por *natura naturans* (natureza original), entende ele aquilo o que existe em si ou é concebido por si mesmo. Espinosa designa esta natureza como a natureza ativa, livre, causal ou autocriadora, isto é, como a natureza simples e indivisível, que significa, precisamente, a substância infinita (Deus). Por *natura naturata* (natureza originada, nascida, realizada), ele concebe, ao contrário, como natureza passiva, criada,

---

[53] CHAGAS, Eduardo Ferreira. Feuerbach e Espinosa: Deus e natureza, Dualismo ou unidade? *Trans/Form/Ação*, v. 29, n. 2, 2006. Disponível em: https://www.scielo.br/j/trans/a/nCBnwVSbHjfsXb9w8v6Pzvs/?format=pdf&lang=pt. Acesso em: 20 jun. 2023. Grifos do autor.

> como tudo o que segue necessariamente da natureza de Deus (da substância) e de seus atributos, isto é, todos os modos dos atributos de Deus, na medida em que estes foram considerados como coisas finitas, como qualidades determinadas, como compostos. A frase *Deus sive substancia sive natura* (Deus é tanto substância como natureza), isto é, *natura naturans* e *natura naturata*, ou seja, substância e modos (acidentes) simultaneamente, explicita Espinosa da seguinte maneira: Deus é a natureza (*Natur*) infinita, absoluta (*naturans*), e tudo o que é, isso foi tornado (*naturata*) por ele. Isto é, os modos (*Modi*), embora pertençam à natureza realizada, resultam da natureza divina.

Quando perguntaram a Einstein se ele acreditava em Deus, ele respondeu:

> Eu acredito no Deus de Spinoza, que se revela na harmonia de todos os seres, não em um Deus que se preocupa com o destino e as ações dos homens.[54]

Já o texto a seguir é comumente associado a Spinoza e, ainda que eu não tenha certeza absoluta de sua originalidade,[55] ele será aqui transcrito como uma representação de Deus falando com você.

> Para de ficar rezando e batendo no peito. O que eu quero que faças é que saias pelo mundo, desfrutes da tua vida. Eu quero que gozes, cantes, lhe divirtas e que aproveites de tudo o que Eu fiz para ti. Para de ir a estes templos lúgubres, obscuros e frios que tu mesmo construíste e que acreditas ser a minha casa. Minha casa está nas montanhas, nos bosques, nos rios, nas praias. Aí é onde eu vivo e expresso o meu amor por ti. Para de me culpar pela tua vida miserável; eu nunca lhe disse que era um pecador. Para ficar lendo supostas escrituras sagradas que nada têm a ver comigo. Se não podes me ler num amanhecer, numa paisagem, no olhar dos teus amigos, nos olhos de teu filhinho… não me encontrarás em nenhum livro… Para de tanto ter medo de mim. Eu não lhe julgo, nem lhe critico, nem me irrito, nem me incomodo, nem

---

[54] EINSTEIN, Albert *apud* NAESS, Arne. Einstein, Spinoza and God. *In*: MERWE, Alwyn (ed.). *Old and new questions in physics, cosmology, philosophy, and theoretical biology*. Nova Iorque: Springer, 1983. Disponível em: https://link.springer.com/chapter/10.1007/978-1-4684-8830-2_46. Acesso em: 17 jun. 2023.

[55] Disponível em: https://universoracionalista.org/o-texto-deus-nao-foi-escrito-pelo-filosofo-baruch-spinoza/. Acesso em: 17 jun. 2023.

lhe castigo. Eu sou puro amor. Para de me pedir perdão. Não há nada a tolerar. Se Eu lhe fiz... Eu lhe enchi de paixões, de restrições, de prazeres, de sentimentos, de necessidades, de incoerências, de livre-arbítrio. Como posso lhe castigar por seres como és, se sou Eu quem lhe fez? Crês que eu poderia criar um lugar para queimar a todos os meus filhos que não se comportam bem pelo resto da eternidade? Que tipo de Deus pode fazer isso? Esquece qualquer tipo de comando, são artimanhas para lhe manipular, para lhe controlar, que só geraram culpa em ti. Respeita o teu próximo e não faças aos outros o que não queiras para ti. A única coisa que lhe peço é que preste atenção à tua vida; que teu estado de alerta seja o teu guia. Tu és absolutamente livre para fazer da tua vida um céu ou um inferno. Para de acreditar em mim... acreditar é supor, imaginar. Eu não quero que acredite em mim. Quero que me sintas em ti quando beijas tua amada, quando agasalhas tua filhinha, quando acaricias teu cachorro, quando toma banho de mar. Para de louvar-me! Que tipo de Deus ególatra tu acreditas que Eu seja? Você se sente grato? Demonstra-o cuidando de ti, da tua saúde, das tuas relações, do mundo. Expressa a tua alegria! Esse é o jeito de me louvar. Para de complicar as coisas e de repetir como papagaio o que lhe ensinaram sobre mim. Não me procure fora! Não me acharás. Procura-me dentro... aí é que estou, dentro de ti.[56]

Agora pense: o que aconteceria se você focasse somente ao que lhe disse esse Deus? Os pastores perderiam seu rebanho, não teriam nada a oferecer, por isso a necessidade de lhe venderem uma religião em que a fé é algo inerente, e, na maioria delas, vendem para você não a fé em Deus, mas na criatura terrena, eles mesmos, como se tivessem uma procuração divina para salvarem-no de todos os males.

Aqui entra o financeiro. Com raras exceções, as instituições necessitam de recursos para serem propagadas. Criam-se templos fabulosos, e cada uma querendo mostrar para a outra a sua capacidade de agradar o seu Deus com coisas materiais, arrecadam, em toda missa ou encontro, dinheiro dos fiéis, com a alegação de que estão doando para Deus. Porém Deus não quer o seu dinheiro.

---

[56] Fonte original em disputa.

Nessa situação, muitas pessoas – inclusive as que estão passando fome e com necessidades sérias em casa – doam para a Igreja como se aquele dinheiro fosse direcionado diretamente para Deus. Essa enganação não é algo novo, e antigamente era ainda pior. No século XIII, a Igreja Católica praticava a venda de indulgências, isto é, do perdão espiritual de algum pecado. Cada pecado tinha o seu perdão em troca de um valor, comercializado. Ou seja, alguns séculos atrás, muitos indivíduos procuravam a Igreja para zerar os seus pecados como uma forma de garantir a sua vida após a morte no céu. Desde então, a Igreja utiliza a culpa que as pessoas sentem, muitas vezes apenas por viverem livremente, para lucrar.

Vamos voltar um pouco mais para entender cada parte enganosa da história das religiões (as mais absurdas entre tantas, é claro): as Cruzadas. No final do século XI, teve início um dos episódios históricos mais marcantes, principalmente pela imensa quantidade de mortes, motivado pela religião.

Na época, os muçulmanos estavam conquistando territórios na Europa e na Terra Santa e, obviamente, os católicos não queriam aceitar isso de modo pacífico, ainda que esse fosse, possivelmente, o único jeito que Deus aceitaria. Então em resposta eles tentaram, agressivamente, recuperar o acesso a locais sagrados no Oriente Médio. Cerca de dois milhões de pessoas deixaram suas famílias para se tornarem soldados de sua religião e morreram por ela. Muitos iam enganados pelas falsas promessas relacionadas à guerra, acompanhadas de falsas esperanças.

Sim, os gurus de autoajuda não começaram a existir agora. Naquele período eram feitas promessas para quem se dispusesse a morrer pela luta. Em sua maioria, os soldados eram pessoas que passavam por necessidades nos feudos e acreditavam em falácias que diziam, por exemplo, que o ato de lutar por sua religião garantiria a eles e aos seus familiares uma vida após a morte digna, sem necessidades, com lugar garantido no Céu. Logo eles descobriram que não era bem assim, pois quase todos que iam lutar não voltavam.

Se eles realmente iam, como diziam os religiosos, viver uma vida após a morte digna e com vários benefícios, eu já não sei. Torço para que sim, mas acredito que não. Como disse, fé não se discute, o que discutimos aqui é a religião. Algumas pessoas têm fé, outras não. Eu, particularmente, não tenho.

Ao final das Cruzadas, a Igreja Católica criou a Santa Inquisição, um tribunal criado para impor uma enganação: que o único jeito correto de se viver era sob os preceitos da fé católica, perseguindo opositores. E, na época, era um dos únicos jeitos de se viver. Todos aqueles que tinham ações ou levavam uma vida que entrasse em desacordo com os preceitos católicos eram levados para a Inquisição para serem investigados e julgados.

Os crimes contra a fé eram os piores crimes da época, com as piores punições, e, pela maneira como ocorriam as punições, Deus não era nada misericordioso. Todos aqueles que tivessem atitudes ou até mesmo discursos desaprovados pela Igreja eram acusados de hereges ou bruxos; estes, pessoas que acreditavam em qualquer crença diferente do catolicismo; e os hereges, pessoas realmente contrárias a alguns dogmas impostos pela Igreja.

O diferente não era aceito. Quem não estava sendo enganado precisava fingir que estava, senão acabava indo para a fogueira – e não estou falando em sentido figurado. O julgamento da Santa Inquisição era para convencer o acusado de que qualquer coisa que fosse que ele estivesse acreditando diferente do catolicismo era enganação, e a verdade única era a imposta pela Igreja. E mesmo as pessoas que eram convencidas e diziam, então, acreditarem na verdade da Igreja, a maioria acabava sendo penalizada com a morte.

O maior exemplo foi Giordano Bruno (1548-1600), primeiro filósofo a falar sobre a existência de outros planetas e da vida no espaço, assunto hoje comum. A existência de outros planetas já é, obviamente, comprovada cientificamente, mas na época, o teólogo foi acusado de herege e ardeu na fogueira da Inquisição Romana. Foi queimado vivo, como o símbolo de que qualquer pensamento que não estivesse de acordo com a Igreja era inverídico e digno de morte como punição. Cerca de cem mil pessoas foram mortas pela Santa Inquisição.

Chegando até aqui, possivelmente você já percebeu quantas enganações foram promovidas pelas religiões ao longo da história. Quantas pessoas usaram o nome de Deus ou se disseram seus representantes para cometer atrocidades ou convencer cidadãos de bem com ideias completamente absurdas. Isso só não é mais assustador porque as pessoas que viveram nos séculos XV e XVI ainda não tinham tanto contato com a ciência e eram passíveis de acreditar em muitos conceitos e teorias absurdas.

Não me sinto bem ao ver muitas pessoas, ainda hoje, serem objetos de lucro e alvos das enganações dos gurus e charlatões de autoajuda religiosa, principalmente as que acreditam que o dinheiro depositado nas mãos dos indivíduos das instituições religiosas, que nada têm a ver com o Deus que creem, é um comprovante da veracidade de sua fé.

Essas pessoas doam porque acham que estão comprando seu lugar no céu, na esperança de que a vida seguinte de que tanto falam seja melhor do que a que vivem atualmente, ou talvez colaborando com as missões da sua Igreja relacionadas à fé. Qualquer que seja o caso, se vivessem esta vida – uma única, que eu saiba – sem acreditar nos gurus que vendem qualquer tipo de solução mágica para o sucesso, para a felicidade ou para a pós-morte, provavelmente já viveriam muito melhor.

Volte a ler o texto de Spinoza. Nada é mais falso do que a ideia de que o dinheiro doado à Igreja tem alguma relação com a fé. Esses gurus usam de uma falsidade que deveria ser enquadrada como estelionato, impondo medo em pessoas incautas, para eles, sim, usufruírem de uma vida estável financeiramente. Por que enquadrados como estelionatários? Porque vendem algo sem nenhuma comprovação, somente evidências empíricas (se é que se pode chamar livros escritos por seres humanos, como a Bíblia, como evidência da existência de uma divindade).

Claro, não há nada de errado em acreditar em qualquer Deus ou no que for que você queira acreditar, ou ter fé em algo maior, pois como nada está sob nosso controle, é um grande alívio para muitos, algo que ajuda a suportar as adversidades da vida. Na minha opinião, ter fé é admirável, afinal, é acreditar puramente em algo, sem comprovações e, principalmente, sem pretensões. O que me incomoda é aqueles que utilizam da fé pura de muitas pessoas para enganá-las e extorqui-las.

Para mim, os charlatões da autoajuda da religião não são pessoas de fé. Se católicos, por exemplo, realmente acreditassem no Deus que louvam, que não precisa de nada material e que vive no coração de cada um, não agiriam de maneira exploratória, não se colocariam como representantes de uma divindade nem mediriam a fé alheia com base em bens materiais de qualquer tipo.

Na Bíblia que tanto pregam, Jesus ajudou os pobres, não lucrou com eles, não os julgou, muito menos levou-os a uma fogueira no final de qualquer sentença. Ele também não incentivou guerras, nunca vendeu perdões, oferecendo-os de graça. Se essas pessoas que se dizem representantes dele agissem de maneira condizente com o que está no livro que propagam, o mundo até seria um lugar melhor.

Afinal, o problema não está em Deus e, sim, em parte de seus representantes, figuras vistas como divinas, mas que não passam de estelionatários oportunistas.

12

o segredo

**(nunca revelado, adivinhe você)
o segredo – autoajuda sem o poder do/da...
+ o poder da atração**

O trecho a seguir foi extraído do livro *O segredo*, publicado em 2006, por Rhonda Byrne, e sucesso mundial.

> De acordo com esse livro, o segredo que rege a nossa vida é a lei da atração para a qual semelhante atrai semelhante.
>
> Portanto, quando você tem um determinado pensamento, estará atraindo outro similar ao que está sendo formulado por sua mente.
>
> O pensamento tem uma frequência. Quando você pensa, os pensamentos são emitidos e atraem todas as coisas semelhantes que estão na mesma sintonia.
>
> Você é como uma torre de transmissão humana, emitindo ondas de pensamentos.
>
> Se quiser mudar qualquer coisa em sua vida, reformule aquilo que você pensa.
>
> Não adiantará nada dizer que quer uma coisa quando, na verdade, você pensa outra totalmente diferente daquela que diz querer.
>
> Seus pensamentos atuais estão construindo sua vida futura.
>
> Aquilo que você mais pensa ou se concentra se manifestará na sua vida.

> Saiba que seus pensamentos se materializam nas coisas que você atrai através dele. Seu pensamento rege seu futuro.[57]

Interessei-me por esse livro de autoajuda quando ouvi uma palestra do historiador Leandro Carnal, na qual ele disse que se encontrasse a autora, sugeriria que ela pensasse ser um pássaro e se atirasse do décimo sexto andar, pois já que ela acredita que tudo o que você pensa torna-se realidade, quem sabe ela voaria e tornar-se-ia um pássaro livre.

Na vida temos em torno de 5% de livre-arbítrio, se tanto. Basta imaginar sua vida cinco anos atrás, lembrar-se de quais eram suas metas e sonhos, e se eles foram realizados ou não, e, se foram, de que forma, em que intensidade etc. Você verá que o seu domínio sobre a sua vida é muito menor do que você imaginou.

O segredo simplificado, como é vendido por dezenas de milhares de seguidores da seita na internet, pode ser traduzido como algo assim:

> A lei da atração é a lei da natureza. Ela é tão certa e precisa quanto a lei da gravidade. Nada se pode introduzir na sua experiência a menos que você peça por meio de pensamentos duradouros. A fim de saber o que você está pensando, pergunte a si mesmo como está se sentindo. As emoções são ferramentas valiosas que revelam instantaneamente o que estamos pensando. É impossível sentir-se mal e ao mesmo tempo ter bons pensamentos. Seus pensamentos determinam sua frequência, e seus sentimentos lhe dizem de imediato em que frequência você está. Quando se sente mal, você está em uma frequência que o torna suscetível a atrair coisas ruins. Quando se sente bem, você se torna mais forte e mais apto para atrair coisas boas. Modificadores do Segredo, tais como lembranças agradáveis, a natureza ou sua música predileta, podem mudar seus sentimentos e sua frequência num instante. O sentimento de amor é a frequência mais alta que você pode emitir. Quanto maior o amor que você sente e emite, maior o seu poder.

Olha a pretensão em comparar a Lei da Atração com a Lei da Gravidade. Só faltou a fórmula matemática, como a da Lei da Gravidade. Mas talvez essa fórmula seja detalhada em um próximo livro ou curso, pois, pode ter certeza, virá algo nesse sentido. Quando os autores de

---

[57] BYRNE, Rhonda. *The secret*. Oregon: Beyond Words Publishing, 2006.

autoajuda descobrem uma fórmula que torna as pessoas escravas de um pensamento, logo se aproveitam de sua ingenuidade e tome um novo livro que continua desvendando o segredo.

Infelizmente, ou felizmente, se nossos pensamentos se tornassem realidade, ninguém seria infeliz, todos teriam o emprego dos sonhos; ou seja, pensamentos e desejos são só isto: pensamentos e desejos.

Como usar o segredo

Como o gênio de Aladim, a lei da atração atende a todos os nossos pedidos. O Processo Criativo ajuda a criar o que você quer em três passos simples: peça, acredite e receba. Pedir ao Universo o que você quer é a oportunidade de ter clareza quanto ao que quer. Quando ficar claro em sua mente, você terá pedido. Acreditar implica em agir, falar e pensar como se já tivesse recebido o que pediu. Quando você emite a frequência de ter recebido, a lei da atração move pessoas, acontecimentos e situações para que você os receba. Receber implica sentir como será assim que seu desejo se manifestar. Sentir-se bem agora o coloca na frequência do que você quer.

Começamos a nos entender. Citar Aladim quer dizer que isso é mágica, e mágica é ilusão. Só você não percebeu, comprou uma ilusão, mas vamos lá, não terminamos, a formula é supimpa:

[…] peça, acredite e receba.

Você já imaginou o que seria do mundo se todos usassem essa fórmula e fossem atendidos em todos os seus desejos? Provavelmente, teríamos que voltar ao início da vida, o paraíso, e não teríamos ninguém em trabalhos insalubres, ou descontente com seu trabalho, ou infeliz no amor, ou passando fome, ou em dificuldades financeiras, ou doente. Que tédio! A vida seria perfeita e perfeição gera tédio ou empáfia. Vamos a outras frases extraídas do livro.

Siga a sua felicidade e o universo vai abrir portas para você onde só havia paredes.

Você só precisa achar a maçaneta.

A energia flui para aonde vai a atenção.

Cuidado. Energia mata, principalmente se for 220 volts.

> Sua mente tem um poder de fabricar a realidade. O que você pensa, você sente, o que você sente, você vibra, o que você vibra você atrai para si. Somos seres vibracionais que interagem com o universo.

Aproveita e fabrique aquele carro que você deseja, a casa de seus sonhos, aquele iate maravilhoso. E não se esqueça de fabricar dinheiro, pois, como diz o filósofo brasileiro Luiz Felipe Pondé (1959-), dinheiro compra até amor verdadeiro.

> Decida o que quer. Acredite que pode tê-lo. Acredite que o merece e acredite que é possível!

Peça coisas grandiosas. Por que se contentar com coisas pequenas? E então só acredite, pois tudo vai cair do céu. Que poder maravilhoso que você tinha e não sabia. Viu como você era ignorante? Agora você já sabe "o segredo".

> Se estiver mal estampe um sorriso no rosto e siga em frente... e se estiver bem, continue com ele ali. [...] no universo, você atrai o que transmite!

Essa é a Lei da Atração. Só você, em sua ignorância, não sabia. Não interessa como você está se sentindo, falseie sua realidade. Os psicólogos ficarão loucos, pois pregam que devemos expor o que sentimos, e sentir o que sentimos.

> Quando se tem uma inspiração, deve-se confiar nela e agir.

Simples como pegar o picolé de uma criança. Se ela chorar, dê uma bronca, afinal, você teve a inspiração de pegar o sorvete e ninguém vai dizer que você não pode. Lembre-se: seu pensamento é poderoso, você pode tudo, que se dane os outros.

> Tudo que você quer você atrai, tudo que você não quer você atrai, tudo que você pensa você atrai.

Pode não haver ninguém com o picolé que você queria, mas é só pensar que você atrairá alguém com ele na mão para você se apoderar dele.

> Você tem que se concentrar no que você quer e não o que não quer.

Derretendo ou não, frio ou calor, sua mente é um imã poderoso. Só não conte para todo mundo, pois, se contar, como um imã, todos vão querer seu picolé e a fábrica não vai dar conta de produzir, ou o preço vai subir violentamente, pois quando a demanda é maior do que a oferta, o valor dispara.

> O único motivo pelo qual as pessoas não têm o que desejam é que elas passam tempo de mais pensando no que não desejam do que naquilo que de fato desejam.

Ô mente maldita! Ela te boicota o tempo todo. Não pense na dor de dente, pense no prazer de saborear seu sorvete. Os dentistas que se danem! Você é muito pessimista, fica o tempo todo pensando nas coisas erradas. Basta querer. Como você não percebeu isso antes? A humanidade é uma catástrofe, só pensa em desgraça, não existe otimismo ou mesmo realismo.

Vamos parar de ver a realidade como ela é, fantasie o tempo todo, mas olhe para os dois lados ao atravessar a rua; não se esqueça de que você é um mortal e mortais, por mais otimistas que sejam, não são respeitados por motoristas que pensam somente no que não devem.

> O homem se torna o que ele pensa.

Não é preciso mais do que pensar para ser e ter o que você mais quer. Sabe aquele(a) ingrato(a) que você tanto ama e não lhe dá bola? É porque você não o(a) deseja com convicção. É só por isso que você não o(a) consegue. Pense que você é o homem/mulher ideal para ele(a). Caso ele(a) não conheça o segredo de que você se torna o que pensa, você pode interferir no sentimento dele(a) e conseguir seu amor eterno.

Você já ouviu ou leu algo mais interessante do que isso? Duvido que um dia você pensou que isso estava ao seu alcance, e com sua ignorância você deixou passar e ficou aí, sofrendo. O mesmo aplica-se àquele emprego de seus sonhos, àquela casa confortável, ao seu chalé na praia, à sua viagem de volta ao mundo e ao que mais você desejar, afinal, o trouxa é você, que não descobriu esse segredo.

> Você é um ímã vivo: você atrai para a sua vida pessoas, situações e circunstâncias que estão em harmonia com seus pensamentos dominantes. Qualquer coisa em que você se concentre em nível consciente se manifesta em sua experiência.

Até hoje não consegui o que me pertence, segundo esses mandamentos, porque não sabia o segredo. A partir de agora, vida, aguarde-me!

Não vai existir ninguém mais poderoso do que eu. Na próxima eleição serei candidato a presidente. Como estou me tornando um imã, a partir desta leitura você votará em mim, não interessa sua vontade. Você não conhece esse segredo, portanto está à mercê da minha vontade. Não fuja, a realidade impõe-se, agora sou um super-herói, quem não entendeu foi você. Bastou eu querer, grude em mim, você será meu escravo.

> O homem forte defende a si mesmo, o homem mais forte defende aos outros.

Homem forte: indivíduo que detém poder real e desempenha uma função de topo no meio em que se move. Mais forte do que isso, desconheço. Se você detém o poder, na definição mais clássica do que é um homem forte, você não só se defende como defende o seu próximo, óbvio. Aqui, o que a autora quis, ou sublinhou, é que mesmo quem é forte ou tem poder vai imaginar que alguém tenha mais do que ele. Não vejo outra interpretação.

Ou seja, meu amigo, sempre existirá alguém que vai desejar mais do que você e, como ela enfatiza, querer é poder, afinal, esse é o segredo. Se uma pessoa quiser mais do que você, então não tem remédio, ele primeiro, você em segundo. E lá se foi sua arrogância pensando que somente conhecendo o segredo você já teria tudo. Você só se esqueceu de que na vida, quem é mais forte que você consegue mais do que você, que é um fracote.

> Tudo que você deseja – toda a alegria, o amor, a abundância, a prosperidade, bem-aventurança – está ali, pronto para você pegar. E você precisa ter fome disso. Precisa ter intenção. E quando você agir intencionalmente e desejar com ardor, o Universo lhe entregará cada coisa que você desejou. Reconheça as coisas bonitas e maravilhosas a seu redor, abençoando-as e louvando-as. Por outro lado, não gaste tempo em criticar e lamentar o que hoje não funciona a seu contento. Reconheça tudo o que deseja, para poder receber mais do mesmo.

Há o eterno sentido de que o seu mundo só não é perfeito e você não é extremamente feliz porque não desejou; ou seja, a culpa é sua. Porém eu não gosto da palavra culpa, pois ela remete à religião e a pecados, e, como alguém disse, os pecados não me pertencem, mas foram uma boa ideia.

O universo está preparado para satisfazer você e a todos que conhecem o segredo em sua totalidade. A infelicidade é algo que pertence somente aos filósofos e poetas, ainda mais porque sem infelicidade, a maioria das poesias e da filosofia não sobrevive.

Todos que respiram um pouco de ar, conhecendo a sua utilidade, e não o gastando inutilmente, sabem que quanto maior a dor, melhor a poesia e a filosofia. Não quero dizer com isso que não podemos fazer poesia quando estamos felizes, mas as melhores e mais tocantes são de poetas sofredores. Na filosofia, os melhores foram os pessimistas, que viam a humanidade com benevolência e não compreendiam o sentido da vida.

Se bem que ela não tem sentido. Vide Nietzsche. Quem acha o contrário é porque não consegue ver que somos poeiras ao vento. Somos tão arrogantes que imaginamos que somos eternos, precisamos inventar deuses para não nos tornarmos autores do nosso próprio infortúnio. Mas isso destoa do que este livro quer nos mostrar. Em certo sentido, ele não faz sentido. Como essa minha última frase.

> Toda a nossa satisfação está na frequência do amor – a mais alta e mais poderosa de todas as frequências. Você não pode segurar o amor nas mãos. Você só pode senti-lo no teu coração. É um estado de ser. Você pode ver provas do amor expressas pelas pessoas, mas o amor é um sentimento, e você é o único que pode irradiar e emitir esse sentimento. Sua capacidade de gerar sentimentos de amor é ilimitada, e quando você ama, está em completa e plena harmonia com o Universo. Ame tudo o que puder. Ame todos que puder. Concentre-se exclusivamente nas coisas que ama, sinta amor e irá experimentar esse amor e essa satisfação voltando para você, multiplicados! A lei da atração irá devolver para você mais coisas para amar. Quando irradia amor, é como se todo o Universo estivesse fazendo tudo por você, movendo todas as coisas prazerosas na sua direção, e movendo todas as pessoas na sua direção. Na verdade, é isso mesmo que acontece.

Na definição do amor, a autora acertou. Também não poderia errar em tudo. Não vamos entrar na polêmica mente-cérebro, porque teríamos que estender demais esse tópico. Só vou deixar a pergunta: afinal, amor é algo do cérebro ou da mente?

Agora, dizer que o universo move algo em seu favor... O universo em si nem sabe da sua existência, ele está focado em sua própria expansão, que ainda não conseguimos entender o porquê, como e para onde, apesar de toda a evolução científica. Talvez seja melhor assim, pois se não entendemos, podemos sonhar, e sonhar ainda é algo que nos é permitido de graça. Todo o resto vem com a conta pendurada, afinal não existe almoço grátis.

Tudo o que somos é fruto dos nossos pensamentos.

Você é branco porque pensou em ser branco, você é negro porque pensou em ser negro, você é homem porque pensou em ser homem, você é mulher porque pensou em ser mulher, você é pobre porque pensou em ser pobre, você é rico porque pensou em ser rico, você não definiu seu sexo por não o ter definido por querer, e assim por diante. Como seria fácil se pudéssemos, somente com nossos pensamentos, afastar toda a desgraça e todos os nossos percalços na vida. Nada mais simplório do que essa definição. Mas para uma autoajuda é o final apoteótico.

Infelizmente, nós não temos muitas opções a não ser lutar. Não se deixe influenciar por autores que só visam enriquecer com o infortúnio alheio – quem está feliz com a própria vida não procura autoajuda para se complementar. Lute, pois o livre-arbítrio também é uma falácia. Na vida, você tem 5% de chance de alcançar aquilo que procura. O "acaso" está aí, a sua espreita, e ele, sim, determina grande parte da nossa existência, mesmo sendo quase sempre *Iludidos pelo acaso*, como bem definiu o libanês/estadunidense Nassim Nicholas Taleb (1960-).

Todas as citações deste capítulo fazem parte do livro *O segredo*, de Rhonda Byrne, ou de comentários a respeito dele.

13

a verdade

diversas formas de dizer ou não dizer

Como disse George Orwell:

A história é escrita pelos vencedores.[58]

Ou seja, minha verdade, se venci, não é a mesma que a sua, que perdeu. Quase sempre, e poderia ser verdade em outra época, situação e área. Vamos ver de que maneira, hoje, sendo os meios de comunicação franqueados a qualquer pessoa que queira emitir uma opinião, ou impor sua "verdade", ela é tratada e distorcida de acordo com as convicções. As distorções, na verdade, estão em todas as áreas: política, publicidade, história, redes sociais, ciência, educação, religião, justiça, medicina e assim por diante. Vejamos a seguir alguns exemplos de como a verdade é distorcida em algumas áreas.

Verdade na política – Como os políticos usam informações falsas para manipular a opinião pública

Na era em que estamos vivendo, em que qualquer pessoa pode expressar sua opinião sobre tudo e sobre todos os temas, os políticos, principalmente, adaptam seu discurso de acordo com o público que querem atingir, distorcendo informações e dados, fazendo com que eles se enquadrem dentro de uma ideologia vendida como salvadora da pátria ou como uma verdade absoluta.

Se sou a favor da vacina, existem incontáveis argumentos nos sites de busca que corroboram sua importância, inclusive com autoridades respeitáveis dando opiniões positivas sobre o assunto. E isso

---

[58] ORWELL, George. As I please. *Tribune*, 4 fev. 1944. Disponível em: https://www.telelib.com/words/authors/O/OrwellGeorge/essay/tribune/AsIPlease19440204.html. Acesso em: 30 mar. 2022.

é verdade também para o contrário. Encontramos diversas alegações defendendo a tese contrária, também com inúmeros pseudocientistas falando sobre a sua inutilidade. E como ficam as pessoas que querem se proteger, mas não têm informações suficientes para discernir o que é correto? Em sua maioria, deixam-se guiar pela opinião de seu político e/ou ideologia preferida, colocando em risco sua vida e as de seus familiares.

Vimos isso na pandemia da Covid-19, com os negacionistas, que disseminavam *fake news* por meios de comunicação em massa, para conseguirem arregimentar um grande número de pessoas sem acesso a outras informações, que acabavam propagando a mesma ideologia nefasta. Isso, tanto no Brasil como nos Estados Unidos da América, custaram a não reeleição de seus defensores. Ainda bem.

Vamos, agora, entender como surgiram as vacinas.

> No século XVIII, Edward Jenner descobriu a vacina antivariólica, a primeira de que se tem registro. Ele fez uma experiência comprovando que, ao inocular uma secreção de alguém com a doença em outra pessoa saudável, esta desenvolvia sintomas muito mais brandos e tornava-se imune à patologia em si, ou seja, ficava protegida. Jenner desenvolveu a vacina a partir de outra doença, a cowpox (tipo de varíola que acometia as vacas), pois percebeu que as pessoas que ordenhavam as vacas adquiriam imunidade à varíola humana. Consequentemente, a palavra vacina, que em latim significa "de vaca", por analogia, passou a designar todo o inóculo que tem capacidade de produzir anticorpos.[59]

> Vacinas são preparações que, ao serem introduzidas no organismo, desencadeiam uma reação do sistema imunológico (semelhante à que ocorreria no caso de uma infecção por determinado agente patogênico), estimulando a formação de anticorpos e tornando o organismo imune a esse agente e às doenças por ele provocadas. Prevenir é melhor que remediar. O uso de vacinas tem maior custo-benefício no controle de doen-

---

[59] FIOCRUZ. *Como surgiram as vacinas?* 2022. Disponível em: https://www.bio.fiocruz.br/index.php/br/perguntas-frequentes/69-perguntas-frequentes/perguntas-frequentes-vacinas/213-como-surgiram-as-vacinas. Acesso em: 14 abr. 2022.

ças imunopreveníveis que o de medicamentos para sua cura. Resultado de muitos anos de investimento em pesquisa e desenvolvimento científico e tecnológico, as vacinas são seguras e consideradas essenciais para a saúde pública. Elas podem ser constituídas de moléculas, micro-organismos mortos ou micro-organismos vivos atenuados. No Brasil, a vacinação foi responsável pela erradicação da varíola e o controle da poliomielite (paralisia infantil) e da síndrome da rubéola congênita.[60]

Mas como não queriam acreditar que os imunizantes desenvolvidos em tempo recorde eram eficazes, pois o mundo todo estava enfrentando, pela primeira vez neste século, uma pandemia, e aproveitando-se para causar uma polêmica ideológica, utilizaram de *fake news* para desacreditarem a ciência. Isso pode ter custado um número elevado de vidas. E os responsáveis? Hoje tentam esquivar-se de suas responsabilidades como o diabo foge da cruz.

Portanto quando tiverem qualquer dúvida sobre algo relacionado à ciência, procurem informações nos centros de pesquisa com credibilidade, como o Instituto de Tecnologia em Imunobiológicos Bio-Manguinhos, o Butantã, e entidades como a Organização Mundial de Saúde.

Verdade na publicidade

As empresas utilizam a publicidade para vender seus produtos, e muitas vezes distorcem suas propriedades e/ou seus benefícios para atingirem seus objetivos. Exemplo: determinado produto é vendido como a solução para seus problemas de osteoporose se usado por um determinado período, contém só componentes naturais etc. Só que, para não incorrerem em crime de desinformação, no rótulo vem escrito que a fórmula não tem comprovação científica de sua eficácia; e isso acontece constantemente. Como a maioria não tem o hábito de ler sobre o que está consumindo e vai, na maioria das vezes, pela opinião de alguma celebridade ou amigo, o consumo desses produtos é disseminado impunemente.

---

[60] FIOCRUZ. Perguntas frequentes: vacinas. 2022. Disponível em: https://www.bio.fiocruz.br/index.php/br/perguntas-frequentes/perguntas-frequentes-vacinas-menu-topo. Acesso em: 10 abr. 2022.

Algo amplamente usado na publicidade? Celebridades, famosos conhecidos por milhões de pessoas, e mesmo quem não conhece, já ouviu falar. Quando utilizados na publicidade, as pessoas acreditam que eles têm o conhecimento necessário para indicar qualquer produto, serviço ou moda, mas, na maioria, são simples repetidores de *scripts* desenvolvidos para engajar seus seguidores.

Sempre que ouvir uma celebridade divulgar um produto, desconfie, principalmente na área de saúde, tanto física como mental. Aliás, nesse último caso, o cuidado deve ser redobrado. "Produtos Naturais" não são garantia de eficácia e podem, inclusive, prejudicar sua saúde. Usam-se também embalagens vistosas para que o comprador tenha a impressão de que o produto é eficaz. Lembre-se: quanto maior a beleza do frasco, maior deve ser a sua desconfiança.

Como já disse, sempre, mas sempre mesmo, procure informações em órgãos confiáveis e que não dependem do poder público ideológico ou de governos passageiros para propagandear informações.

Verdade na história

As versões dos fatos podem ser alteradas e manipuladas para atenderem a interesses políticos ou ideológicos. O jornal *El Pais* publicou, em setembro de 2018, no caderno de ciências, o artigo "12 mentiras da história que engolimos sem chiar".[61] Abaixo, seguem algumas delas para você entender como a história é manipulada por meio da adulteração das informações que nos chegam.

> Se sabemos que a Terra gira em volta do Sol não é graças a Copérnico
>
> O que nos contaram. Que Nicolau Copérnico, após um estudo exaustivo do movimento dos corpos terrestres, chegou à conclusão de que a Terra girava sobre seu eixo e que está e o restante dos planetas giravam, por sua vez, em volta do Sol. E não ao contrário, como se acreditava até esse momento. Dessa forma criou a Teoria Heliocêntrica recebendo o ataque da Igreja, fiel defensora da teoria geocêntrica (isso é, que era o Sol – e o restante

---

[61] NAVAS, Sara. 12 mentiras da história que engolimos sem chiar. 2018. *El País*. Disponível em: https://brasil.elpais.com/brasil/2018/09/05/ciencia/1536142770_672955.html. Acesso em: 14 out. 2021.

dos planetas – que giravam em torno da Terra). A Inquisição chegou a censurar a teoria de Copérnico, já que colocava em dúvida a onipotência de Deus, reafirmando a imobilidade da Terra.

O que realmente aconteceu. Foi o astrônomo e matemático grego Aristarco de Samos o primeiro a perceber que nosso planeta girava em torno do Sol. Assim o explicou no tratado *De Revolutionibus Caelestibus* mil anos antes de ser mencionado por Copérnico. "Aristarco de Samos viveu no século III antes de nossa era. Foi ele quem propôs o modelo heliocêntrico que dezoito séculos mais tarde Copérnico mencionou em sua obra", diz o professor da Universidade Autônoma de Madri Javier Ordoñez. Apesar de Aristarco já a estudar no século III a.C., a Teoria Heliocêntrica não foi vista como uma teoria consistente até ser formulada por Copérnico no século XVI.

Os imperadores romanos não condenavam os gladiadores à morte baixando o dedo

O que nos contaram. Vimos Joaquin Phoenix (no papel do imperador Cômodo) fazer esse gesto no oscarizado *Gladiador* (Riddley Scott, 2000) e o tomamos como verdade absoluta. Por seu lado, livros, quadros, o cinema e a televisão se encarregaram de alimentar a lenda fazendo o espectador acreditar que quando um imperador baixava o polegar no circo romano o que estava fazendo era condenar à morte o gladiador que estivesse em desvantagem na arena.

O que realmente aconteceu. Tudo ao contrário do que o cinema nos mostrou. Se o imperador levantava o polegar, estava incitando o gladiador vitorioso a matar o gladiador derrotado. Quando o imperador queria salvar a vida do gladiador, introduzia o polegar no punho fechado da mão oposta. "Acreditar que os imperadores condenavam à morte baixando o polegar é um erro que nos transmitiram via Hollywood. Realmente a sentença de morte se dava quando o imperador romano levantava o polegar para cima", explica a historiadora María F. Canet.

Os signos do zodíaco não são 12

O que nos disseram. Que os signos do zodíaco – as constelações zodiacais que a linha imaginária que une o nosso planeta ao Sol aponta ao longo de um ano – são doze. E que todos nós, dependendo do mês de nosso nascimento, temos um que define nossa personalidade e até nosso destino.

O que realmente é. Há 3.000 anos, a civilização da Babilônia dividiu o zodíaco em doze partes, atribuindo uma constelação a cada uma delas. Conscientes de que a divisão zodiacal não resultava em doze partes exatas, elas a adaptaram para obter um calendário prático. Sabiam que havia uma décima terceira constelação chamada Ofiúco e a excluíram deliberadamente. Em 2016, a NASA fez cálculos e explicou que o eixo da Terra nem sequer aponta na mesma direção de 3.000 anos atrás. Atualmente, a linha imaginária entre a Terra e o Sol aponta para Virgem durante 45 dias e apenas 7 para Escorpião. Ou seja, quem faz aniversário em 25 de março seu signo do zodíaco era Áries até agora, mas os novos cálculos da NASA revelam que hoje seria Peixes.[62]

Esses são somente alguns exemplos de como somos manipulados por informações históricas que não existiram. Desconfie sempre e, novamente, cheque antes de propagar qualquer informação. Não seja mais um disseminador de distorções, deixe isso para os profissionais, os políticos.

Verdade na religião

Como as religiões podem ser usadas para justificar ações violentas e intolerantes, para manipular e controlar as pessoas? O muçulmano usa o Alcorão para justificar a perseguição e até a morte a mulheres que não usam o véu cobrindo a cabeça, como no Afeganistão. Um homem do talibã, armado, perseguiu a paquistanesa Malala Yousafzai (1997-), que levou um tiro na cabeça simplesmente porque defendia a liberdade de as mulheres frequentarem a escola.

---

[62] *Ibidem.*

No mundo judaico, o tema da pureza e a proximidade com a santidade é muito importante. O porco era considerado um animal impuro devido à forma como era mantido antes do abate, há centenas de anos. De acordo com a Associação Brasileira dos Descendentes de Judeus, o povo judeu tem que se abster de comer esse tipo de carne não porque faz mal à saúde, mas porque a lei divina é suprema. Uma lei divina para não se comer carne de porco? Poupe-me.

Outra maldade sem fim? A Inquisição da Igreja Católica.

> Também chamada de Santo Ofício, essa instituição era formada pelos tribunais da Igreja Católica que perseguiam, julgavam e puniam pessoas acusadas de se desviar de suas normas de conduta.[63]

Intolerância, perseguição, violência, tortura, caos, uma das maiores distorções já praticadas até hoje em nome de uma instituição que se diz religiosa, aproveitando-se de uma situação atípica na época para conspurcar inimigos, confiscar seus bens, destruir os diferentes.

Se você tem fé, ótimo, contudo a religião deixou de ter fiéis, tornou-se um negócio lucrativo, e você agora é um cliente. Assim podem ir adaptando-se aos novos tempos para não perderem seu poder de persuasão.

Já falamos religião, então vamos seguir em frente.

Verdade no mundo dos negócios

Como a busca pelo lucro pode levar as empresas a distorcer a verdade, manipular informações para obter vantagens competitivas, e como isso pode afetar os consumidores e os investidores?

Bonita, persuasiva, jovem e comunicativa... Como uma personagem com essas características enganou o Vale do Silício? Elizabeth Holmes (1984-), empresária de 34 anos, fundadora da empresa Theranos, consagrou-se como o maior caso de uma *startup* que não deu certo, e por um motivo muito simples: o produto que ela desenvolveu, com o qual Holmes captou grandes investimentos e promoveu no mercado como uma solução genial, nunca funcionou. Era, na verdade, uma grande enganação.

---

[63] SUPER Interessante. *O que foi a Inquisição?* 20--. Disponível em: https://super.abril.com.br/mundo-estranho/o-que-foi-a-inquisicao. Acesso em: 20 jan. 2023.

A empresa começou com uma grande ideia: desenvolver um aparelho portátil capaz de fazer centenas dos principais exames a partir de uma gota de sangue colhida na ponta do dedo, de maneira rápida e indolor, com resultados quase imediatos, muito próximo do que se vê em filmes de ficção científica.

Com essa ideia, ela captou um bilhão de dólares em investimentos, e a Theranos chegou a valer nove bilhões de dólares. Para atingir seu intento, atraiu investidores como o magnata Rupert Murdoch (1931-), que investiu 125 milhões de dólares e que, graças a seu nome, atraiu outros investidores ávidos pelos lucros prometidos pela nova tecnologia.

A ideia era simples: os dados sobre a gota de sangue lidos pelo aparelho, apelidado de Edison, seriam enviados para um servidor remoto, que faria a análise instantaneamente, e devolveria as informações. Isso nunca funcionou. A empresa sobreviveu dez anos, sempre prometendo que seu aparelho seria aprimorado e viável economicamente.

A empresária não apenas convencia seus possíveis clientes de que havia um processo de aperfeiçoamento em curso, como também inventava projeções de faturamento fantásticas, em que chegou a prever um lucro líquido anual superior a um bilhão de dólares. Mas o que acontecia é que a empresa entregava resultados distorcidos dos exames feitos pela Theranos. A falcatrua só veio a público por uma reportagem do jornalista norte-americano John Carreyrou (data de nascimento não encontrada), que foi publicada em uma série de artigos no *Wall Street Journal*.

O que levou tantos a se enganarem com uma empresa sem perspectiva? Ambição, falta de conhecimento e controle sobre um negócio que não entendiam. Exemplo significante de como podemos ser enganados no mundo dos negócios.

Que sirva de alerta: quando a esmola é muito grande o santo desconfia, como dizem os antigos. Segundo alguns, a origem da mentira é um comportamento aprendido na infância com o intuito de escapar de uma punição ou para receber uma recompensa. Já na vida adulta, tem como principal função tornar as interações humanas mais fáceis e menos litigiosas, apesar de causarem grandes danos, dependendo de seu grau de importância.

Melhor saber a verdade nua e crua e decidir por si como suportar a dor do saber do que ser enganado.

14

martelos só enxergam pregos

amplie sua visão

Um homem pega um empréstimo, abre uma empresa e vai à falência logo depois. Ele cai em depressão e comete suicídio. Que lição podemos tirar desse episódio?

- Analista de negócios: ele não era um bom líder, a estratégia estava errada, o mercado era restrito demais.
- Profissional de marketing: as campanhas foram mal organizadas e ele não conseguiu atingir seu público-alvo.
- Especialista em finanças: o empréstimo não foi a melhor forma de financiamento.
- Escritor: vou transformar o incidente em uma tragédia grega.
- Banqueiro: o setor de empréstimo cometeu um erro de análise.
- O socialista: culpará a falência do capitalismo.
- O religioso: enxergara uma punição divina.
- O psiquiatra: o diagnóstico é que a serotonina estava baixa.

Qual é o ponto de vista "correto"? Nenhum deles. Citando o norte-americano Mark Twain (1835-1910):

> Se sua única ferramenta é o martelo, todos os seus problemas são pregos.

Isso se chama deformação profissional. Cirurgiões querem resolver todos os problemas com bisturi; exércitos pensam em soluções militares; engenheiros pensam em soluções estruturais; e gurus... Bem, gurus veem tendência em todo lugar.[64]

---

[64] DOBELLI, R. *A Arte de Pensar Claramente*. 2. ed. Editora Objetiva, 2014. p. 246.

Parece-me que é o que está acontecendo no momento. Todos estão dando seu parecer para toda e qualquer crise que estamos vivendo, e ninguém está totalmente errado ou totalmente correto. Estamos enfrentando um fenômeno descrito de maneira brilhante no livro *A lógica do cisne negro*, de Nassim Taleb.

Portanto não se apegue a nenhuma corrente no momento, ninguém nunca passou por isso e ninguém sabe o que vai acontecer amanhã. Pare de agoniar-se com o que você não pode prever, toque seu negócio da melhor maneira que você achar que deve tocar, pois só você conhece o que se passa na sua empresa. O que serve para uma não serve para outra do mesmo ramo. Se gurus e outros profissionais fossem donos da verdade não estaríamos nessa situação.

Tenho horror a certezas absolutas. Nem pânico, nem histeria, nem comodismo, nem fatalismo, siga sua vida obedecendo seu bom senso e sua intuição; geralmente eles te levam a um lugar onde ninguém pode chegar. Você e sua empresa são únicos, então mãos à obra!

Quando do início da pandemia do Covid-19, em março de 2020, todos estávamos muito perdidos. Aquilo nunca havia acontecido na história da grande maioria das pessoas vivas neste momento, um fenômeno descrito por Taleb no citado livro como coisas que nunca estão previstas e que acontecem uma única vez de maneira a mudar o entendimento que temos sobre determinado assunto.

Para tentar descrever o que estava acontecendo para amigos e empresários a quem presto consultoria, escrevi o texto sobre um homem que pega um empréstimo, abre uma empresa e vai à falência, aproveitando uma citação do livro de Rolf Dobelli, *A arte de pensar claramente*. Nesse período, verificamos como determinadas pessoas usam a má-fé para direcionar as crenças e as políticas para o rumo que lhes interesse, manipulando a opinião de muitas outras pessoas sem informação suficiente para discernir sobre a realidade que estão vivendo.

Vejamos: o Brasil tinha um presidente negacionista, que dizia que o coronavírus era uma gripezinha e que não deveríamos nos preocupar, pois logo estaríamos, como um rebanho, imunizados pela propagação do vírus, que criaria uma imunidade (e muitos se comportaram como gado). Não faltaram médicos "renomados" que queriam entrar na política que apoiaram essa farsa, mesmo com a mortandade crescente batendo à porta de inúmeras pessoas que, no início, não tinham como se proteger.

Política da enganação, para levar a termo sua ignorância, o governo propôs o uso de um kit de emergência, com medicamentos comprovadamente ineficientes, com a concordância de uma militância aguerrida e ignorante que, para efeito político, apoiaram essa excrecência mesmo com todas as evidências em contrário. E dá-lhe *fake news*!

Até que, com o crescente número de mortos e a pressão das pessoas com um mínimo de racionalidade, mídia e oposição sistemática de cientistas a práticas empíricas, começássemos a vacinar a população e a controlar, dentro do possível, a propagação do vírus e sua detenção final.

E nem com a verdade absoluta de que a vacina foi a principal responsável pelo controle da pandemia, alguns ignorantes convenceram-se de que foram enganados por um sem cérebro, que chegou à presidência por mero acaso. Isso custou a derrota na eleição seguinte, e muitas mortes poderiam ter sido evitadas se tivessem sido tomadas providências com a celeridade que o momento exigia.

As vacinas não são de esquerda nem de direita, e devido ao seu descaso, foi o único presidente não reeleito para um segundo mandato na história da redemocratização brasileira. Isso, entretanto, deixou viúvas, não pela pessoa em si, um ser abjeto como o que tínhamos na presidência, mas alguém que cria slogans enganosos o tempo todo. Vejamos alguns.

Pátria, família e Deus.[65]

Slogan criado por marketeiros de direita para um presidente acéfalo, que enganou multidões que não sabem o significado disso. Como é fácil enganar uma multidão com falácias sem pé nem cabeça. Um guru de esquina não teria tido a ideia original de apegar-se a palavras com sentido dúbio, ou melhor, que podem ter duplo sentido, interpretadas a bel-prazer por quem não tem o mínimo de conhecimento do que se tratam os elementos que compõem o slogan.

Pátria:

> Do latim pátria, a pátria é a terra natal ou adotiva que está ligada a uma pessoa por vínculos/laços afetivos, jurídi-

---
[65] Algum "profissional" de marketing.

cos e/ou históricos. A pátria pode ser, por conseguinte, o local de nascimento, o povo dos ancestrais ou o país onde um sujeito se radicou a partir de um determinado momento da sua vida.

Por exemplo: "Vivo há quinze anos na Austrália, mas a minha pátria é a Colômbia", "Os anarquistas consideram-se homens do mundo e afirmam não terem pátria", "Um soldado deve estar disposto a dar a sua vida pela pátria".

Ao tentar estabelecer precisões e limites ao conceito de pátria, entram em jogo noções ideológicas e políticas que, inclusive, se podem alterar ao longo dos anos. De acordo com certas posturas, a pátria está sempre associada a um Estado *nação*. Por isso, é muito importante defender o território do Estado, pois está vinculado a todos os valores da pátria.

Noutros casos, a pátria é antes um acervo (património) cultural e histórico partilhado por pessoas que podem estar separadas do ponto de vista geográfico. Este seria o caso, por exemplo, da pátria cigana, que não tem nenhum centro físico.

A acepção mais simbólica (sentido figurado) de pátria permite aplicar o termo para fazer referência a distintos grupos ou conjuntos sociais: "A pátria futebolística chora a morte do ex-guarda-redes da seleção alemã", "O governo tem a obrigação de impor limites à pátria financeira para evitar que se gerem lucros milionários sem constituir um peso para o país".[66]

Pergunta: algo intangível e ininteligível para a maioria das pessoas sem um mínimo de conhecimento da língua portuguesa? Ou uma tentativa de enganação para a maioria, que repetia isso como se a vida toda tivesse o conhecimento de onde se originaram a palavra e o grande significado que ela carrega?

Tenho certeza absoluta de que, em uma pesquisa, a maioria não saberia definir a filologia da palavra. Mas se sempre tem um para se aproveitar ideologicamente de mentes despreparadas para discernir, "aceito de bom grado" (quase digitei gado).

---

[66] EQUIPE Editorial de Conceito de Nação. *Conceito de Nação*. 2022. Disponível em: https://conceito.de/nacao. Acesso em: 11 jan. 2023.

Família:

substantivo feminino

Grupo de pessoas que partilha ou que já partilhou a mesma casa, normalmente estas pessoas possuem relações entre si de parentesco, de ancestralidade ou de afetividade.

Pessoas cujas relações foram estabelecidas pelo casamento, por filiação ou pelo processo de adoção.

Grupo de pessoas que compartilham os mesmos antepassados; estirpe, linhagem, geração.

[Figurado] Grupo de indivíduos ligados por hábitos, costumes, comportamentos ou interesses oriundos de um mesmo local.

Grupo de indivíduos com qualidades ou particularidades semelhantes: a galera do time é a minha família.

[Biologia] Uma das categorizações científicas dos organismos vegetais, animais ou minerais, composta por inúmeros gêneros que compartilham características semelhantes: a violeta é da família das violáceas.

[Gráficas] Reunião de tipos em que o desenho demonstra qualidades básicas iguais.

[Química] Localização dos elementos que compõem as colunas, sendo reunidos pela semelhança de suas propriedades; grupo.

Expressão Em família. Em casa, entre os seus, na intimidade.

Família de palavras. Grupo de palavras que procedem de uma raiz comum.

Família real. O rei, a rainha, seus filhos e parentes do mesmo sangue.

Santa Família. Quadro que representa a Virgem Maria, São José e o Menino Jesus.

> Etimologia (origem da palavra família). A palavra família deriva do latim *familia*, que significa as pessoas que vivem na mesma casa, têm o mesmo lar.
>
> Sinônimos de Família
>
> Família é sinônimo de: casta, espécie, estirpe, genealogia, linhagem, qualidade, raça, grupo, geração.[67]

Pergunta: algo intangível e ininteligível para a maioria das pessoas sem um mínimo de conhecimento da língua portuguesa? Ou uma tentativa de enganação para a maioria, que repetia isso como se a vida toda tivesse conhecimento de onde se originaram a palavra e o grande significado que ela carrega?

Deus:

> substantivo masculino
>
> **RELIGIÃO·TEOLOGIA**
>
> ente infinito, eterno, sobrenatural e existente por si só; causa necessária e fim último de tudo o que existe ☞ inicial maiúsc.
>
> **RELIGIÃO**
>
> em certas religiões, designação dada às forças ocultas, aos espíritos mais ou menos personalizados.
>
> **RELIGIÃO**
>
> nas religiões politeístas, especialmente nas antigas, divindade superior aos homens e aos gênios à qual se atribui influência nos destinos do universo.
>
> **RELIGIÃO·TEOLOGIA**
>
> nas religiões monoteístas, sobretudo no cristianismo, ser supremo, criador do universo ☞ inicial maiúsc.

---

[67] DICIO.com.br. Família. 2023. Disponível em: https://www.dicio.com.br/familia/. Acesso em: 15 jan. 2023.

RELIGIÃO

no cristianismo, cada uma das três pessoas distintas existentes em um só Deus (Pai, Filho e Espírito Santo) ☞ inicial maiúsc.

RELIGIÃO

representação figurada de uma divindade.

FIGURADO

indivíduo superior aos demais em saber, poder, beleza.

FIGURADO

aquele a que se devota grande veneração e afeição, que é objeto ou alvo dos maiores desejos; ídolo.

FILOSOFIA

princípio absoluto, realidade transcendente ou Ser primordial responsável pela origem do universo, das leis que o regulam e dos seres que o habitam, fonte e garantia do Bem e de todas as excelências morais ☞ inicial maiúsc.

ATEU

é quem não crê em Deus ou em qualquer "ser superior".

A palavra tem origem no grego "atheos" que significa "sem Deus, que nega e abandona os deuses".

Origem

Latim děus, dei 'ser supremo, entidade superior'.[68]

Pergunta: algo intangível e ininteligível para a maioria das pessoas sem um mínimo de conhecimento da língua portuguesa? Ou uma tentativa de enganação para a maioria que repetia isso como se a vida toda tivesse conhecimento de onde se originaram a palavra e o grande significado que ela carrega?

---

[68] Google. *Definição da Oxford Languages, dada pelo Google para a busca "definicao de deus"*. 2023. Disponível em: https://www.google.com/search?client=firefox-b-d&q=definicao+de+deus&bshm=dctc/1. Acesso em: 13 jan. 2023.

Isso, de criar um slogan para enganar a maioria, também pode ser chamado de narrativa. Existem narrativas que pegam e narrativas que não pegam. Como escreveu o jornalista Celso Ming (1942-), em sua coluna no jornal *O Estado de São Paulo*, uma das narrativas que mais pegaram foi a dos primeiros cristãos.

> A história de que um Deus enviou seu único filho para sofrer a mais ignominiosa das mortes, a crucificação (a outra era o empalamento), e que três dias depois ressuscitou era repulsiva por tudo quanto se acreditava no mundo ocidental antigo. Foi divulgado inicialmente por um punhado de pescadores pobres e incultos e se alastrou rapidamente. Porém, 200 e poucos anos depois, se tornou a religião oficial do Império Romano. O pensador cartaginês Tertuliano (160 a 220 d.C.) reconhecia que aquilo era incompreensível 'Credo quia absurdum', acredito porque absurdo – no sentido de que, na falta de argumentos racionais, só poderia aceitar esses relatos pela fé.

Portanto, antes de sair por aí como um papagaio, repetindo frases de efeito, que, na realidade, poucos entendem etimologicamente, pergunte-se o que significa para você.

Precisamos aprender que nosso cérebro está sempre com preguiça de pensar e, assim não analisa, em sua maioria, o significado real do que estamos vendo, ouvindo, ou nos sendo empurrado com fins escusos. Sempre que vier de um político, então, redobre sua atenção.

Somos levados a usar o pensamento rápido, pois ele gasta menos energia, e não nos atentamos a detalhes que podem levar-nos a acreditar em milagres, propostos por gurus ou políticos mal intencionados, que simplesmente criam frases de efeito e slogans com fins suspeitos, e isso tem levado países e a humanidade, em muitos casos e épocas, a catástrofes sem volta, vide os slogans usados por nazistas para enganar uma nação teoricamente inteligente e culta como a Alemanha; vide os slogans usados por políticos como Donald Trump e Jair Bolsonaro para induzirem multidões a erros grosseiros de análise e pagar, na pandemia da Covid-19, com a própria vida, pelas mentiras ditas pelos dois a respeito da gravidade da doença e de como se prevenir.

Não seja prego ou martelo, use o pensamento lento, como proposto pelo escritor israelense Daniel Kahneman (1934-), em seu livro

Rápido e devagar: duas formas de pensar, que é uma viagem à mente humana e explica as duas formas de agir do nosso cérebro: uma é rápida, intuitiva e emocional; a outra, mais lenta, deliberativa e lógica.

A rápida e intuitiva leva-nos, em algumas situações, a aceitar "verdades" aparentes como verdades absolutas. A lenta já nos leva a analisar de forma coerente aquilo que vai nos afetar em nossas decisões.

Temos, hoje, diversas ferramentas que nos orientam em nossas decisões. O que não podemos nem devemos é levarmo-nos por terceiros que, na maioria das situações, estão simplesmente pensando em seus objetivos ocultos e não em nos ajudar a viver aquilo que buscamos.

O que buscamos só pertence a nós, para obter sucesso ou felicidade, não existe nenhuma regra que sirva para todos. Crie seu próprio caminho. Todos os outros já estão ocupados por terceiros.

cansou?

últimas palavras

E então? Como foi essa jornada? Cansou?
Por enquanto é isto!
Muito em breve esmiuçaremos o conceito de verdade...
Obrigado e até breve!